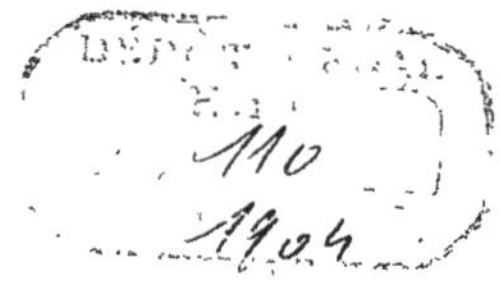

BARÈME

POUR LE CALCUL DES

DROITS DE MUTATION PAR DÉCÈS

ET DES

DONATIONS ENTRE VIFS

(Loi du 25 février 1901)

TROISIÈME ÉDITION

Mise au courant de la Loi du 30 mars 1902

ET AUGMENTÉE

D'UN BARÈME DE L'USUFRUIT ET DE LA NUE PROPRIÉTÉ

1904

OFFERT PAR

L'ADMINISTRATION DU RÉPERTOIRE GÉNÉRAL PRATIQUE DU NOTARIAT

ET DE L'ENREGISTREMENT

40, rue d'Assas, 40, Paris

Téléphone 704-38

RÉPERTOIRE GÉNÉRAL

PRATIQUE

DU NOTARIAT

ET

DE L'ENREGISTREMENT

RECUEIL BI-MENSUEL

DIVISÉ EN QUATRE PARTIES, AVEC PAGINATIONS SPÉCIALES

PREMIÈRE PARTIE. — *Jurisprudence et pratique notariale ;*
DEUXIÉME PARTIE. — *Législation commentée ;*
TROISIÈME PARTIE. — *Formules d'actes annotées ;*
QUATRIÉME PARTIE. — *Bulletin parlementaire.*

Paraissant deux fois par mois (les 15 et 30)

et formant tous les ans deux volumes d'ensemble 1600 pages.

FONDÉ EN 1881

Par DEFRENOIS

Auteur du *Traité Formulaire général du Notariat ;* du *Traité des Liquidations,* etc

---

Rédacteur en chef

M. CHARLES DEFRÉNOIS Fils

Avocat à la Cour d'appel de Paris,
Auteur des *Traités-Form. de l'Assurance sur la vie,* des *Droits d'hérédité entre époux,* des *Enfants naturels,*
du *Tarif légal,* du *Résumé de Législation étrangère,* etc.

ABONNEMENT ANNUEL

FRANCE, ALGÉRIE et TUNISIE : **16** fr.; Sur mandat de l'Administration : **16** fr. **50**
ÉTRANGER et COLONIES : **18** fr.; Sur mandat de l'Administration : **19** fr.

Les numéros ne se vendent pas séparément. — L'abonnement part du 1ᵉʳ janvier.

Un numéro spécimen est envoyé gratuitement à toute demande.

Le *Répertoire général pratique du Notariat* est le seul de tous les Recueils spéciaux au Notariat qui publie, en outre de la partie de Jurisprudence, le texte de toutes les lois avec commentaire des lois concernant le Droit notarial, civil et fiscal, de nombreuses Formules inédites et les projets de lois et rapports intéressant les Notaires. Chaque partie a une pagination spéciale.

BARÈME

POUR LE CALCUL DES

DROITS DE MUTATION PAR DÉCÈS

ET DES

DONATIONS ENTRE VIFS

(Loi du 25 février 1901)

TROISIÈME ÉDITION

Mise au courant de la Loi du 30 mars 1902

ET AUGMENTÉE

D'UN BARÈME DE L'USUFRUIT ET DE LA NUE PROPRIÉTÉ

1904

OFFERT PAR

L'ADMINISTRATION DU RÉPERTOIRE GÉNÉRAL PRATIQUE DU NOTARIAT

ET DE L'ENREGISTREMENT

40, rue d'Assas, 40, Paris

Téléphone 704-38

COURS GRATUITS PAR CORRESPONDANCE

réservés aux abonnés du Répertoire

Afin de permettre la préparation à l'examen de notaire, le Répertoire publie les questions posées par les commissions aux épreuves écrites et par la commission de Paris aux épreuves orales. Le meilleur mode de préparation consiste à résoudre ces questions. Mais le candidat ne peut savoir si le travail auquel il s'est livré est fait d'une façon exacte ; il est nécessaire qu'il soit examiné par des personnes compétentes afin de faire ressortir les incorrections et les inexactitudes. C'est le but que s'est proposé le Répertoire par les moyens suivants :

Épreuves écrites. — *Pour la préparation à l'épreuve écrite*, le Répertoire a créé des cours gratuits par correspondance *réservés uniquement à ses abonnés. La demande d'inscription doit être adressée à l'Administration du Répertoire en justifiant par une attestation du patron que l'on a l'inscription de premier clerc ou que le stage est terminé : car ces cours doivent être suivis seulement par les candidats qui sont sur le point de passer l'examen de notaire.*

Les devoirs sont indiqués dans chaque numéro du Recueil depuis le 30 avril 1903 : ils comprennent les questions posées aux épreuves écrites par les commissions d'examen (environ 4 à 8 par mois). Le travail doit être effectué de la même manière que si le candidat subissait l'examen, c'est-à-dire sans le secours d'aucun autre livre que le Code civil.

Les devoirs sont retournés corrigés dans un délai très bref. Il doit être joint à chaque devoir un timbre de 0 fr. 15 pour les frais de renvoi du devoir corrigé.

Épreuves orales. — *Pour la préparation des épreuves orales, le Répertoire publie les questions posées aux épreuves orales par la Commission de Paris (environ 1.000 questions tous les trois mois) ; puis il donne sous une forme méthodique les réponses à ces questions, ce qui constitue un véritable traité sur des questions usuelles ou de pratique.*

Les nouveaux abonnés peuvent se faire inscrire aux cours gratuits pour la préparation à cet examen.

TARIF
DES DROITS DE MUTATION PAR DÉCÈS

(Lois 25 février 1901, art. 2, et 30 mars 1902, art. 10.)

INDICATION des degrés de parenté.	TAUX applicable à la fraction de part nette comprise entre :											
	1 fr. à 2,000 fr.	2,001 fr. à 10,000 fr.	10,001 fr. à 50,000 fr.	50,001 fr. à 100,000 fr.	100,001 fr. à 250,000 fr.	250,001 fr. à 500,000 fr.	500,001 fr. à 1,000,000 de fr.	1,000,001 fr. à 2,000,000 de fr.	2,000,001 fr. à 5,000,000 de fr.	5,000,001 fr. à 10,000,000 de fr.	10,000,001 fr. à 50,000,000 de fr.	Au delà de 50,000,000 de fr.
	p. 100	p. 100	p. 100	p. 100	p. 100	p. 100	p. 100	p. 100	p. 100	p. 100	p. 100	p. 100
1° Ligne directe	1 »	1,25	1,50	1,75	2 »	2,50	2,50	3 »	3,50	4 »	4,50	5 »
2° Entre époux	3,75	4 »	4,50	5 »	5,50	6 »	6,50	7 »	7,50	8 »	8,50	9 . »
3° Entre frères et sœurs	8,50	9 »	9,50	10 »	10 50	11 »	11,50	12 »	12,50	13 »	13,50	14 »
4° Entre oncles ou tantes et neveux ou nièces	10 »	10,50	11 »	11,50	12 »	12,50	13 »	13,50	14 »	14,50	15 »	15,50
5° Entre grands-oncles ou grand'tantes, petits-neveux ou petites-nièces, et entre cousins germains	12 »	12,50	13 »	13,50	14 »	14,50	15 »	15,50	16 »	16,50	17 »	17,50
6° Entre parents aux 5° et 6° degrés	14 »	14,50	15 »	15,50	16 »	16,50	17 »	17,50	18 »	18,50	19 »	19,50
7° Entre parents au delà du 6° degré et entre personnes non parentes	15 »	15,50	16 »	16,50	17 »	17,50	18 »	18,50	19 »	19,50	20 »	20,50

Nota. — Les droits de mutation par décès se calculent distinctement sur la part nette de chaque héritier ou légataire. Ils sont donc perçus non sur la masse de la succession, mais sur la part revenant à chaque successible. Si chacune de ces parts ne dépasse pas 2 000 francs, l'impôt est perçu au taux de la première tranche ; si la part héréditaire est supérieure à 2 000 francs, le tarif de la première tranche est appliqué sur les premiers 2 000 francs ; celui de la deuxième tranche sur les 8 000 francs qui suivent ; celui de la troisième tranche sur la portion qui excèdera les 10 000 francs jusqu'à 50 000 francs et ainsi de suite. Nous donnons ci-contre un exemple d'application du tarif progressif.

Les droits de mutation ne sont pas sujets aux décimes.

La liquidation des droits s'établit en suivant les sommes de 20 francs en 20 francs, sans fraction. Toutefois, lorsqu'il s'agit de parts nettes ne dépassant pas 500 francs, le droit de mutation suit les sommes de franc en franc.

Le minimum du droit à percevoir, lorsque la succession n'est pas négative, est de 0 fr. 25.

Manière de calculer les droits de mutation d'après le barème.

Pour calculer les droits dus sur une part héréditaire, il faut consulter le tableau de notre barème dans lequel cette part, d'après son importance, doit se trouver comprise. Ainsi, si, dans une succession, la part revenant à l'un des héritiers est de 1 500 et à un autre de 3 000 francs, on se servira, pour calculer les droits, du tableau n° 2 en ce qui concerne l'héritier dont la part est de 1 500 francs et du tableau n° 3 à l'égard de celui dont la part est de 3 000 francs.

Cette observation est essentielle : un tableau ne saurait être substitué à un autre et la liquidation du droit doit être opérée *exclusivement* d'après les chiffres du tableau choisi comme nous venons de le dire, *sans qu'il y ait jamais lieu de se reporter à un autre tableau.*

Des exemples se trouvent au bas de chaque tableau.

Nous croyons cependant devoir donner ci-après deux exemples, avec l'indication du calcul sans barème, afin de faire voir la simplification de notre barème.

1er EXEMPLE. — Succession échue à des neveux.
Part nette héréditaire de chaque neveu : 38 650 francs (somme arrondie 38 660 francs).
Avec barème. Consulter tableau n° 4 (10 001 à 50 000 francs) et colonne 5.

On trouve pour	30 000.	3 240
— pour	8 000.	880
— pour	600.	66
— pour	60.	6 60
Total . . . 38 660.	Droits dûs	4 192,60

Sans barème. Les droits doivent être liquidés ainsi :

Sur 2 000 à 10 p. 100	200
Sur 8 000 à 10,50 p. 100	840
Sur 28 660 à 11 p. 100	3 152,60
Total . . . 38 660	Droits dûs	4 192,60

2e EXEMPLE. — Part héréditaire d'un époux s'élevant à 406 847 francs (somme arrondie 406 860 francs).
Avec barème. Consulter tableau n° 7 (250 001 à 500 000 francs) et colonne 3.

On trouve pour	400 000 francs. . :	21 945 fr.
— pour	6 000 »	360 »
— pour	800 »	48 »
— pour	60 »	3,60
Total . . 406 860 »	Droits dûs . . .	22 356,60

Sans barème. Les droits doivent être liquidés ainsi :

Sur 2 000 francs à 3,75 p. 100	75 fr.
Sur 8 000 » à 4 p. 100	320 »
Sur 40 000 » à 4,50 p. 100	1 800 »
Sur 50 000 » à 5 p. 100	2 500 »
Sur 150 000 » à 5,50 p. 100	8 250 »
Sur 156 860 » à 6 p. 100	9 411,60
Total . . 406 860 fr.	Droits perçus	22 356,60

Tableau I

Part nette héréditaire ne dépassant pas 500 francs.

CAPITAL imposable.	LIGNE directe.	ENTRE époux.	ENTRÉ frères et sœurs.	ENTRE oncles ou tantes et neveux ou nièces.	ENTRE grands-oncles ou grand'tantes petits-neveux ou petites nièces et entre cousins germains.	ENTRE parents aux 5e et 6e degrés.	ENTRE parents au delà du 6e degré et entre personnes non parentes.
1	2	3	4	5	6	7	8
1	0,01	0,0375	0,085	0,10	0,12	0,14	0,15
2	0,02	0,075	0,17	0,20	0,24	0,28	0,30
3	0,03	0,1125	0,255	0,30	0,36	0,42	0,45
4	0,04	0,15	0,34	0,40	0,48	0,56	0,60
5	0,05	0,1875	0,425	0,50	0,60	0,70	0,75
6	0,06	0,225	0,51	0,60	0,72	0,84	0,90
7	0,07	0,2625	0,595	0,70	0,84	0,98	1,05
8	0,08	0,30	0,68	0,80	0,96	1,12	1,20
9	0,09	0,3375	0,765	0,90	1,08	1,26	1,35
10	0,10	0,375	0,85	1	1,20	1,40	1,50
11	0,11	0,4125	0,935	1,10	1,32	1,54	1,65
12	0,12	0,45	1,02	1,20	1,44	1,68	1,80
13	0,13	0,4875	1,105	1,30	1,56	1,82	1,95
14	0,14	0,525	1,19	1,40	1,68	1,96	2,10
15	0,15	0,5625	1,275	1,50	1,80	2,10	2,25
16	0,16	0,60	1,36	1,60	1,92	2,24	2,40
17	0,17	0,6375	1,445	1,70	2,04	2,38	2,55
18	0,18	0,675	1,53	1,80	2,16	2,52	2,70
19	0,19	0,7125	1,615	1,90	2,28	2,66	2,85
20	0,20	0,75	1,70	2	2,40	2,80	3
30	0,30	1,125	2,55	3	3,60	4,20	4,50
40	0,40	1,50	3,40	4	4,80	5,60	6
50	0,50	1,875	4,25	5	6	7	7,50
60	0,60	2,25	5,10	6	7,20	8,40	9
70	0,70	2,625	5,95	7	8,40	9,80	10,50
80	0,80	3	6,80	8	9,60	11,20	12
90	0,90	3,375	7,65	9	10,80	12,60	13,50
100	1	3,75	8,50	10	12	14	15
200	2	7,50	17	20	24	28	30
300	3	11,25	25,50	30	36	42	45
400	4	15	34	40	48	56	60
500	5	18,75	42,50	50	60	70	75

EXEMPLE. — Une succession s'élevant à 1800 francs est dévolue à quatre enfants. La part d chacun est de 450 francs. On prendra, dans la colonne 2, les droits inscrits en regard de 400 et de 50, soit 4 francs et 0 fr. 50. Chaque enfant paiera donc 4 fr. 50, et il sera dû, en tout, 18 francs.

Les examens de notaire et de premier clerc.

D'après la nouvelle loi du 12 août 1902, les clercs de notaire sont tenus de subir deux examens : un examen pour obtenir le grade de premier clerc, et un examen pour le certificat d'aptitude aux fonctions de notaire. Ces deux examens portent, en réalité, sur les mêmes matières ; ils comprennent toutes les lois notariales, tout le droit civil, le droit fiscal se rapportant au notariat et des éléments du droit commercial et de la procédure, en tant qu'ils concernent le notariat. Pour se livrer à l'étude de ces différentes matières, le clerc doit avoir les ouvrages nécessaires.

En premier lieu un ouvrage de pratique lui est indispensable ; mais il lui faut un ouvrage conçu dans une forme méthodique, alliant intimement la théorie à la pratique. Un dictionnaire ou tout autre ouvrage présentant les matières sous la forme alphabétique ne peut lui servir : car de même que l'on n'étudie pas la langue française dans un dictionnaire, mais dans une grammaire, de même que l'on n'apprend pas l'histoire dans un dictionnaire d'histoire, mais dans un ouvrage rapportant les faits dans un ordre méthodique, de même l'on ne peut apprendre le droit notarial, civil ou fiscal dans un ouvrage dans lequel les matières sont dispersées par ordre alphabétique : un ordre méthodique logique peut seul permettre l'étude. Tous les auteurs (Demolombe, Laurent, Guillouard, Baudry-Lacantinerie, Aubry et Rau) ont employé cette forme et avec juste raison ; dans un dictionnaire ou traité alphabétique, on peut seulement faire des recherches, on ne peut étudier.

Si le *Traité-Formulaire du Notariat* par Defrénois a obtenu un succès aussi considérable, s'il est l'ouvrage classique pour l'étude de toutes les connaissances nécessaires à la profession du notariat, c'est qu'il suit un ordre logique, méthodique.

Toutes les lois concernant le notariat sont examinées dans une première partie. La seconde partie, consacrée au droit civil, suit pas à pas le code civil, en traitant des lois qui s'y rattachent et des dispositions des autres codes. Enfin la troisième partie qui forme le cinquième volume comprend le droit fiscal.

Dans toutes les parties les formules se rattachent au texte, et dans la même page l'on trouve la théorie et la pratique, l'une expliquée par l'autre.

Ainsi avec le Traité-Formulaire Defrénois, l'on peut étudier à la fois le droit notarial, le droit civil et le droit fiscal.

Comme ouvrage de procédure, le *Traité-Formulaire de procédure pratique d'Isaure-Toulouse* nous paraît présenter pour l'étude de la procédure les mêmes avantages que le Traité-Formulaire Defrénois au point de vue du droit notarial, civil et fiscal.

Pour compléter sa bibliothèque, le clerc pourra avoir un ouvrage théorique sur le droit civil : le *Précis de droit civil de Baudry-Lacantinerie* ou le *Traité élémentaire de droit civil de Planiol* sont tout indiqués.

Enfin il devra posséder un ouvrage comprenant les codes et les lois usuelles : nous pouvons citer les codes français et les lois usuelles de Rivière, Faustin-Hélie et Paul Pont.

Le **Répertoire général pratique du Notariat et de l'Enregistrement** publie les questions posées aux épreuves écrites, par les commissions d'examen ; il rapporte également toutes les questions posées aux épreuves orales par la commission d'examen de Paris, ce qui permet la préparation de l'examen. En outre, des cours gratuits par correspondance sont réservés aux abonnés.

Tableau II

Part nette héréditaire comprise entre 501 et 2 000 francs.

CAPITAL imposable.	LIGNE directe.	ENTRE époux.	ENTRE frères et sœurs.	ENTRE oncles ou tantes et neveux ou nièces.	ENTRE grands-oncles ou grand'tantes petits-neveux ou petites-nièces et entre cousins germains.	ENTRE parents aux 5ᵉ et 6ᵉ degrés.	ENTRE parents au delà du 6ᵉ degré et entre personnes non parentes.
1	2	3	4	5	6	7	8
20	0,20	0,75	1,70	2	2,40	2,80	3
40	0,40	1,50	3,40	4	4,80	5,60	6
60	0,60	2,25	5,10	6	7,20	8,40	9
80	0,80	3	6,80	8	9,60	11,20	12
100	1	3,75	8,50	10	12	14	15
200	2	7,50	17	20	24	28	30
300	3	11,25	25,50	30	36	42	45
400	4	15	34	40	48	56	60
500	5	18,75	42,50	50	60	70	75
600	6	22,50	51	60	72	84	90
700	7	26,25	59,50	70	84	98	105
800	8	30	68	80	96	112	120
900	9	33,75	76,50	90	108	126	135
1 000	10	37,50	85	100	120	140	150
2 000	20	75	170	200	240	280	300

EXEMPLE GÉNÉRAL. — Une succession est dévolue à un père et à quatre frères et sœurs. L'actif net de succession est de 480 968 francs, revenant au père pour 1/4, soit 120 242 francs, et aux frères et sœurs pour 3/4, soit 360 726 francs ou séparément chacun pour 90 181 fr. 50.

Pour calculer les droits à payer par le père, sa part héréditaire étant de 120 242 francs, soit en arrondissant 120 260 francs, on se reporte au tableau 6, relatif à la part nette héréditaire comprise entre 100 001 et 250 000 francs et dans la colonne 2, on prend les chiffres se rapportant à 100 000, 20 000, 200 et 60, soit 1 595 francs + 400 francs + 4 francs + 1 fr. 20 = 2 000 fr 20 montant des droits dus par le père.

Pour calculer les droits à payer par chacun des frères et sœurs, la part héréditaire de chacun étant de 90 181 fr. 50, soit en arrondissant 90 200 francs, il faut se reporter au tableau 5 et prendre dans la colonne 4 les chiffres se rapportant à 90 000 et 200 soit 8 690 francs + 20 = 8 710 fr. montant des droits à payer par chacun des frères ou sœurs.

Répertoire général pratique du Notariat et de l'Enregistrement, *Recueil bi-mensuel, fondé en* 1881 *par* Defrénois. *Prix de l'abonnement annuel : France, Algérie et Tunisie :* **16 fr.**; *sur mandat de l'administration :* **16 fr. 50**; *Colonies et Étranger :* **18 fr.**; *sur mandat de l'administration* **19 fr.** (L'abonnement remonte au 1er janvier; les numéros ne se vendent pas séparément).

Ce Recueil, par suite des augmentations qui y ont été apportées depuis plusieurs années, est devenu d'une importance considérable : chaque année il forme **deux volumes** d'ensemble **1600 pages**; les deux livraisons qui paraissent les 15 et 30 de chaque mois contiennent ensemble 112 ou 128 *pages*.

Le Répertoire est divisé en quatre parties avec pagination spéciale : 1° jurisprudence et pratique notariale; 2° législation commentée; 3° formules d'actes annotées; 4° bulletin parlementaire.

I. — La première partie (**Jurisprudence et pratique notariale**) forme un volume de 1000 pages, qui contient : 24 dissertations pratiques sur des questions controversées ou nouvelles et sur des sujets d'actualité; environ 60 articles de pratique notariale formant de véritables dissertations sur des questions de pratique notariale; environ 500 décisions de jurisprudence notariale, civile, fiscale (toutes les décisions et instructions sur le droit fiscal y sont rapportées). Chaque décision contient les références à tous les ouvrages spéciaux au notariat et à l'enregistrement. Des documents nombreux concernant le notariat, notamment *les questions soumises aux examens de notaire et de premier clerc, avec les réponses,* le relevé des valeurs étrangères abonnées au timbre, les comptes rendus des distributions aux écoles de notariat, les tableaux des cours moyens des valeurs de Bourses, les revenus des valeurs publiques, les nominations de notaires, de notaires honoraires, etc. Le n° du 31 décembre contient les tables suivantes : 1° table des annotations au Traité Formulaire du Notariat 7e et 8e éditions, servant de table analytique; 2° table de concordance avec le Traité formulaire du Notariat, 7e et 8e éditions; 3° table de concordance avec le Traité des Liquidations; 4° table des matières par ordre alphabétique; 5° table chronologique des décisions.

II. — La 2° partie (**LÉGISLATION COMMENTÉE**) comprend : 1ent les commentaires des lois relatives au droit notarial, civil et fiscal. En 1902, le Répertoire a publié les commentaires des lois ci-après : 1° Commentaire de la loi du 30 mars 1902, sur le régime fiscal des successions. 2° Commentaire de la loi du 25 juin 1902, sur le bail emphytéotique. 3° Commentaire de la loi du 9 juillet 1902, sur les actions de priorité et les actions d'apport. 4° Commentaire de la loi du 12 août 1902, sur la réforme du notariat (ce commentaire contient 64 pages), avec la circulaire du ministre de la Justice du 16 août 1902. — 2ent Et le texte de toutes les lois importantes avec observations sur leur application.

III. — La 3e partie (**Formules d'actes**) contient les formules relatives à l'application des lois nouvelles ou résultant des modifications de la jurisprudence et de la pratique notariale : le Répertoire en a publié plus de 700.

IV. — La 4e partie (**Bulletin parlementaire**) comprend le texte ou le résumé des projets, propositions de lois et rapports intéressant le notariat au point de vue du droit notarial **et fiscal.**

Les 2°, 3° et 4° parties forment un volume de 400 pages.

Chaque livraison paraissant tous les 15 jours, comprend 64 ou 48 pages, et contient une dissertation, 2 ou 3 articles de pratique notariale, environ 20 décisions de jurisprudence, des questions posées aux examens de notaire et de premier clerc, et tous les documents concernant le notariat, et, en outre, une feuille de 16 pages de législation commentée, formules d'actes ou bulletin parlementaire.

TABLEAU III

Part nette héréditaire comprise entre 2 001 et 10 000 francs.

CAPITAL imposable.	LIGNE directe.	ENTRE époux.	ENTRE frères et sœurs.	ENTRE oncles ou tantes et neveux ou nièces,	ENTRE grands-oncles ou grand'tantes petits-neveux ou petites-nièces et entre cousins germains.	ENTRE parents aux 5e et 6e degrés.	ENTRE parents au delà du 6e degré et entre personnes non parentes
1	2	3	4	5	6	7	8
20	0,25	0,80	1,80	2,10	2,50	2,90	3,10
40	0,50	1,60	3,60	4,20	5	5,80	6,20
60	0,75	2,40	5,40	6,30	7,50	8,70	9,30
80	1	3,20	7,20	8,40	10	11,60	12,40
100	1,25	4	9	10,50	12,50	14,50	15,50
200	2,50	8	18	21	25	29	31
300	3,75	12	27	31,50	37,50	43,50	46,50
400	5	16	36	42	50	58	62
500	6,25	20	45	52,50	62,50	72,50	77,50
600	7,50	24	54	63	75	87	93
700	8,75	28	63	73,50	87,50	101,50	108,50
800	10	32	72	84	100	116	124
900	11,25	36	81	94,50	112,50	130,50	139,50
2 000	20	75	170	200	240	280	300
3 000	32,50	115	260	305	365	425	455
4 000	45	155	350	410	490	570	610
5 000	57,50	195	440	515	615	715	765
6 000	70	235	530	620	740	860	920
7 000	82,50	275	620	725	865	1 005	1 075
8 000	95	315	710	830	990	1 150	1 230
9 000	107,50	355	800	935	1 115	1 295	1 385
10 000	120	395	890	1 040	1 240	1 440	1 540

EXEMPLE. — La part nette héréditaire revenant à un parent au 5e ou 6e degré est de 8 680 fr. Pour calculer les droits de mutation, par décès, on prend dans la 7e colonne les chiffres se rapportant à 8 000, 600 et 80, soit 1 150 francs + 87 francs + 11 fr. 60 = 1 248 fr. 60, montant des droits à payer par les parents au 5e ou 6e degré.

Traité pratique et Formulaire général du Notariat, par Defrénois, *fondateur du Répertoire général pratique du Notariat, auteur des Traité-formulaires des Liquidations, Inventaires et Testaments*, 5 très forts volumes in-8° jésus, 8e *édition*, 2e *tirage* (ÉDITION 1903). Prix franco : *abonnés au Répertoire*, broché, 56 fr.; relié demi-chagrin, 71 fr.; *non abonnés* : broché, 60 fr.; relié, demi-chagrin, 75 fr.

Le deuxième tirage de la huitième édition du Traité Formulaire a été mis au courant de toutes les lois jusqu'au 1er janvier 1903 par la refonte des parties modifiées : les chapitres consacrés au stage et aux droits de mutation par décès, en raison de ce qu'ils ont été modifiés par les lois du 25 février 1901 et du 12 août 1902, ont été entièrement réimprimés. Les autres chapitres ont été remaniés dans les numéros modifiés par les lois nouvelles. En outre des lois précitées, nous devons citer celles du 14 février 1900 sur la réserve des ascendants, du 7 avril 1900 sur le taux de l'intérêt légal, du 4 février 1901 sur la tutelle administrative en matière de dons et de legs, du 25 juin 1902 sur le bail emphytéotique, du 9 juillet 1902 sur les actions de priorité et les actions d'apport.

La méthode de cet ouvrage est connue de tous les praticiens; l'ouvrage est divisé en *trois parties* :

La première partie est relative au **droit notarial;** elle contient des explications détaillées sur la loi de ventôse, la responsabilité des notaires, la discipline notariale, les cessions d'offices, les honoraires des notaires, les actes de notoriété, les certificats de propriété.

La deuxième partie traite du **droit civil.** Le Code civil entier y est expliqué, avec les dispositions des autres Codes et les lois diverses qui le complètent et s'y rattachent, de sorte que cet ouvrage est un véritable **Code expliqué.**

La troisième partie concerne uniquement le **droit fiscal** : le tome V est entièrement consacré à cette matière. Ce volume vient d'être mis au courant des lois du 25 février 1901 et 30 mars 1902.

Les formules se trouvant en regard de l'explication théorique, dans la même page, en sont la démonstration; elles aident à l'étude du droit, qu'elles rendent facile et attachant.

Ainsi que de nombreux exemples en font foi, le *Traité-Formulaire* **Defrénois** offre à tout clerc laborieux le moyen de devenir excellent principal en moins de deux ans : il est indispensable pour préparer l'examen de notaire ou de premier clerc.

L'ouvrage est terminé par quatre tables : 1° une table, par ordre alphabétique, de toutes les formules; 2° une table alphabétique, très développée, des matières, constituant un véritable **dictionnaire de droit notarial, civil et fiscal;** 3° une table de concordance, avec les numéros du *Traité-Formulaire*, des articles du Code civil, de procédure, de commerce et pénal, et de toutes les lois jusqu'à ce jour, ce qui constitue un **Code annoté;** 4° une table méthodique des matières.

Avec ces tables, les recherches sont des plus faciles.

Pour tenir au courant la 8e édition du Traité-formulaire, il suffit de s'abonner au Répertoire à partir du 1er janvier 1903. Le prix de cet ouvrage avec l'abonnement est de **72** *fr. broché et de* **87** *fr. relié et, en cas de payement comptant,* **66** *fr. broché et* **81** *fr. relié.*

Un spécimen de cet ouvrage est envoyé gratuitement à toute personne qui en fait la demande.

PAIEMENT. — *Le prix de l'ouvrage est payable soit comptant, avec une réduction de 10 % sur le prix broché, soit à terme, 10 fr. en souscrivant, et le surplus par quart, de deux en deux mois, sur mandat de l'administration, sans frais.*

TABLEAU IV

Part nette héréditaire comprise entre 10 001 et 50 000 francs.

CAPITAL imposable.	LIGNE directe.	ENTRE époux.	ENTRE frères et sœurs.	ENTRE oncles ou tantes et neveux ou nièces.	ENTRE grands-oncles ou grand'tantes petits-neveux ou petites-nièces et entre cousins germains.	ENTRE parents aux 5e et 6e degrés.	ENTRE parents au delà du 6e degré et entre personnes non parentes.
1	2	3	4	5	6	7	8
20	0,30	0,90	1,90	2,20	2,60	3	3,20
40	0,60	1,80	3,80	4,40	5,20	6	6,40
60	0,90	2,70	5,70	6,60	7,80	9	9,60
80	1,20	3,60	7,60	8,80	10,40	12	12,80
100	1,50	4,50	9,50	11	13	15	16
200	3	9	19	22	26	30	32
300	4,50	13,50	28,50	33	39	45	48
400	6	18	38	44	52	60	64
500	7,50	22,50	47,50	55	65	75	80
600	9	27	57	66	78	90	96
700	10,50	31,50	66,50	77	91	105	112
800	12	36	76	88	104	120	128
900	13,50	40,50	85,50	99	117	135	144
1 000	15	45	95	110	130	150	160
2 000	30	90	190	220	260	300	320
3 000	45	135	285	330	390	450	480
4 000	60	180	380	440	520	600	640
5 000	75	225	475	550	650	750	800
6 000	90	270	570	660	780	900	960
7 000	105	315	665	770	910	1 050	1 120
8 000	120	360	760	880	1 040	1 200	1 280
9 000	135	405	855	990	1 170	1 350	1 440
10 000	120	395	890	1 040	1 240	1 440	1 540
20 000	270	845	1 840	2 140	2 540	2 940	3 140
30 000	420	1 295	2 790	3 240	3 840	4 440	4 740
40 000	570	1 745	3 740	4 340	5 140	5 940	6 340
50 000	720	2 195	4 690	5 440	6 440	7 440	7 940

EXEMPLE. — La part nette héréditaire échue à un oncle est de 38 650 francs, soit en arrondissant la somme de 38 660 francs. Pour calculer les droits de mutation par décès à payer, on prend, dans la 5e colonne, les chiffres se rapportant à 30 000, 8 000, 600 et 60 francs, soit 3 240 + 880 + 66 + 6,60 = 4 192 fr. 60

Traité et Formulaire des Liquidations et Partages, par DEFRÉNOIS, *auteur du Traité pratique et Formulaire général du Notariat, fondateur du Répertoire général pratique du Notariat*, 2 forts volumes in-8 jésus de 1000 pages environ chacun, *4ᵉ édition* (1903). Prix franco : *abonnés au Répertoire*, 26 fr. broché; 32 fr. relié demi-chagrin; *non abonnés*, 28 fr. broché; 34 fr. relié demi-chagrin.

La 4ᵉ édition est une refonte entière de l'ouvrage; les matières ont été considérablement augmentées. L'impression en est complètement modifiée : le format est le même que celui du **Traité Formulaire du Notariat.**

Les deux volumes contiennent ensemble 2.000 pages, 7.900 numéros et 142 formules. Les précédentes éditions n'avaient que 1.378 pages dans un format plus petit (format raisin), 6.480 numéros et 133 formules.

Si les trois précédentes éditions ont obtenu un succès aussi considérable dans le notariat, c'est que cet ouvrage répondait à un réel besoin : on sait que les opérations de liquidation et de partage sont, au point de vue de la pratique notariale, considérées comme nécessitant une connaissance approfondie de la législation, de la doctrine et de la jurisprudence. Toutes ces difficultés sont résolues facilement avec cet ouvrage; il permet aux jeunes praticiens de rédiger des liquidations.

Le *Traité des Liquidations* est divisé en deux livres distincts ayant chacun ses tables alphabétique, de concordance et méthodique.

Le premier livre (formant le premier volume) contient les matières relatives aux divolutions des hérédités, à leur liquidation et partage, ainsi que celles concernant les partages des sociétés.

Le second livre (formant le deuxième volume) renferme les explications des dispositions s'appliquant à l'établissement des communautés et autres associations conjugales et à leur dissolution, liquidation et partage.

Dans chaque volume, un appendice consacré à la Législation étrangère traite de la dévolution des successions ou des régimes matrimoniaux dans tous les pays de l'Europe.

Des formules très nombreuses et très documentées complètent chaque volume et comprennent ensemble environ 800 pages.

Pour tenir au courant la 4ᵉ édition du *Traité des Liquidations et Partages*, il suffit de s'abonner au Répertoire à partir du 1ᵉʳ janvier 1903; dans ce cas, le souscripteur profite du prix de faveur réservé aux abonnés.

Une Table de concordance avec la 4ᵉ édition du *Traité des Liquidations* est publiée dans le *Répertoire*.

Payement. — *Le prix de cet ouvrage est payable soit comptant avec une réduction de 10 p. 100 sur le prix broché, soit à terme, 5 fr. comptant et le surplus moitié à deux mois et moitié à quatre mois sur mandats sans frais de l'administration.*

Un spécimen est adressé à toute demande.

Tableau V

Part nette héréditaire comprise entre 50 001 et 100 000 francs.

CAPITAL imposable.	LIGNE directe.	ENTRE époux.	ENTRE frères et sœurs.	ENTRE oncles ou tantes et neveux ou nièces.	ENTRE grands-oncles ou grand'tantes petits-neveux ou petites-nièces et entre cousins germains.	ENTRE parents aux 5e et 6e degrés.	ENTRE parents au delà du 6e degré et entre personnes non parentes.
1	2	3	4	5	6	7	8
20	0,35	1	2	2,30	2,70	3,10	3,30
40	0,70	2	4	4,60	5,40	6,20	6,60
60	1,05	3	6	6,90	8,10	9,30	9,90
80	1,40	4	8	9,20	10,80	12,40	13,20
100	1,75	5	10	11,50	13,50	15,50	16,50
200	3,50	10	20	23	27	31	33
300	5,25	15	30	34,50	40,50	46,50	49,50
400	7	20	40	46	54	62	66
500	8,75	25	50	57,50	67,50	77,50	82,50
600	10,50	30	60	69	81	93	99
700	12,25	35	70	80,50	94,50	108,50	115,50
800	14	40	80	92	108	124	132
900	15,75	45	90	103,50	121,50	139,50	148,50
1 000	17,50	50	100	115	135	155	165
2 000	35	100	200	230	270	310	330
3 000	52,50	150	300	345	405	465	495
4 000	70	200	400	460	540	620	660
5 000	87,50	250	500	575	675	775	825
6 000	105	300	600	690	810	930	990
7 000	122,50	350	700	805	945	1 085	1 155
8 000	140	400	800	920	1 080	1 240	1 320
9 000	157,50	450	900	1 035	1 215	1 395	1 485
50 000	720	2 195	4 690	5 440	6 440	7 440	7 940
60 000	895	2 695	5 690	6 590	7 790	8 990	9 590
70 000	1 070	3 195	6 690	7 740	9 140	10 540	11 240
80 000	1 245	3 695	7 690	8 890	10 490	12 090	12 890
90 000	1 420	4 195	8 690	10 040	11 840	13 640	14 540
100 000	1 595	4 695	9 690	11 190	13 190	15 190	16 190

EXEMPLE. — La part héréditaire nette échue à un enfant est de 95 625 fr., soit en arrondissant 95 640 fr. Pour calculer les droits à payer par cet enfant, on prend dans la 1re colonne les chiffres se rapportant à 90 000, 5 000, 600 et 40, soit 1 420 + 87,50 + 10,50 + 0,70 = 1 518 fr. 70.

Supplément au Traité-Formulaire du Notariat (7° édition) et **Table décennale** (1891 à 1900) du Répertoire général pratique du Notariat, 1 vol. grand in-8 avec formules. Prix : *abonnés*, broché, 10 fr. ; relié, 12 fr. 50 ; *non abonnés* : broché, 12 fr. ; relié, 14 fr. 50.

Cet ouvrage a un double objet :

1° Tout d'abord, il sert de complément à la 7° édition du *Traité-Formulaire du Notariat*. Les acquéreurs de cette édition, qui sont au nombre de près de 5.000, nous ont souvent demandé de publier un volume complémentaire afin de mettre le *Traité-Formulaire* entièrement au courant de la législation et de la jurisprudence. Nous ne doutons pas que ce supplément leur donne entière satisfaction. Il suit, en effet, exactement le même ordre que le *Traité-Formulaire*, même division pour les titres et les chapitres. Le numéro entre parenthèse indique le numéro du *Traité-Formulaire* qui est complété. Par conséquent, pour savoir s'il a été apporté une modification quelconque par la législation ou la jurisprudence à un numéro du *Traité-Formulaire*, il suffit de se reporter au même numéro du supplément. Enfin, l'ouvrage est terminé par 37 formules s'appliquant aux lois nouvelles et ne se trouvant pas dans le *Traité-Formulaire*.

2° Pour nos abonnés, l'ouvrage leur tient lieu de *Table décennale* ; il renferme, en effet, le résumé de toutes les matières ayant paru dans le *Répertoire* pendant les années 1891 à 1900 inclus, aussi bien au point de vue de la jurisprudence que de la législation et des formules ; à cet égard, il est indispensable pour toutes les recherches à faire pendant cette période.

L'ouvrage est divisé en trois parties suivant l'ordre adopté par le *Traité-Formulaire du Notariat*.

Une quatrième partie contient les formules nouvelles au nombre de 37, applicables aux lois promulguées de 1891 à 1900 et ne se trouvant pas dans le *Traité-Formulaire*.

Un *premier appendice* contient le **Tarif légal** des notaires de France et d'Algérie, sous forme comparative.

Un *deuxième appendice* renferme un **Barème** pour le calcul des droits par mutation et des donations entre vifs d'après les tarifs établis par la loi du 25 février 1901.

Une table alphabétique très détaillée, une table chronologique de toutes les décisions, lois, décrets, solutions et arrêtés, et une table générale des matières terminent le volume.

NOTA. — Les nouveaux abonnés profiteront du prix de faveur accordé aux abonnés actuels : 10 fr. broché et 12 fr. 50 relié ; et avec l'abonnement à l'année courante, 26 fr. broché et 28 fr. 50 relié.

Un spécimen de cet ouvrage est adressé à toute demande.

TABLEAU VI

Part nette héréditaire comprise entre 100 001 et 250 000 francs.

CAPITAL imposable.	LIGNE directe.	ENTRE époux.	ENTRE frères et sœurs.	ENTRE oncles ou tantes et neveux ou nièces.	ENTRE grands-oncles ou grand'tantes petits-neveux ou petites-nièces et entre cousins germains.	ENTRE parents aux 5e et 6e degrés.	ENTRE parents au delà du 6e degré et entre personnes non parentes.
1	2	3	4	5	6	7	8
20	0,40	1,10	2,10	2,40	2,80	3,20	3,40
40	0,80	2,20	4,20	4,80	5,60	6,40	6,80
60	1,20	3,30	6,30	7,20	8,40	9,60	10,20
80	1,60	4,40	8,40	9,60	11,20	12,80	13,60
100	2	5,50	10,50	12	14	16	17
200	4	11	21	24	28	32	34
300	6	16,50	31,50	36	42	48	51
400	8	22	42	48	56	64	68
500	10	27,50	52,50	60	70	80	85
600	12	33	63	72	84	96	102
700	14	38,50	73,50	84	98	112	119
800	16	44	84	96	112	128	136
900	18	49,50	94,50	108	126	144	153
1 000	20	55	105	120	140	160	170
2 000	40	110	210	240	280	320	340
3 000	60	165	315	360	420	480	510
4 000	80	220	420	480	560	640	680
5 000	100	275	525	600	700	800	850
6 000	120	330	630	720	840	960	1 020
7 000	140	385	735	840	980	1 120	1 190
8 000	160	440	840	960	1 120	1 280	1 360
9 000	180	495	945	1 080	1 260	1 440	1 530
10 000	200	550	1 050	1 200	1 400	1 600	1 700
20 000	400	1 100	2 100	2 400	2 800	3 200	3 400
30 000	600	1 650	3 150	3 600	4 200	4 800	5 100
40 000	800	2 200	4 200	4 800	5 600	6 400	6 800
50 000	1 000	2 750	5 250	6 000	7 000	8 000	8 500
60 000	1 200	3 300	6 300	7 200	8 400	9 600	10 200
70 000	1 400	3 850	7 350	8 400	9 800	11 200	11 900
80 000	1 600	4 400	8 400	9 600	11 200	12 800	13 600
90 000	1 800	4 950	9 450	10 800	12 600	14 400	15 300
100 000	1 595	4 695	9 690	11 190	13 190	15 190	16 190
200 000	3 595	10 195	20 190	23 190	27 190	31 190	33 190
250 000	4 595	12 945	25 440	29 190	34 190	39 190	41 690

EXEMPLE. — La part nette revenant à un légataire universel non parent est de 225 360 francs. Pour calculer lés droits de mutation qu'il a à payer, on prend dans la 8e colonne les chiffres se rapportant à 200 000, 20 000, 5 000, 300, 60, soit 33 190 + 3 400 + 850 + 51 + 10,20 = 37 501 fr. 20.

RÉPERTOIRE PRATIQUE

DES

LOIS ET DÉCRETS COMMENTÉS

DEPUIS L'ANNÉE 1881

Il paraît un volume tous les cinq ans

Tome I,	années 1881-1885, 1 fort vol. in-8°	Prix : *franco* 8 fr. broché; 10 fr. 50 relié.
Tome II,	années 1886 1890,	id.	Prix : *franco* 8 fr. broché; 10 fr. 50 relié.
Tome III,	années 1891-1895,	id.	Prix : *franco* 8 fr. broché; 10 fr. 50 relié.
Tome IV,	années 1896-1900,	id.	Prix : *franco* 12 fr. broché; 14 fr. 50 relié.

Chaque volume contient : 1° le texte de toutes les lois et décrets ayant été promulgués pendant cinq ans, avec sommaire alphabétique facilitant les recherches; 2° le commentaire, au point de vue pratique, de toutes les lois concernant le droit notarial, civil et fiscal. Nous citerons notamment les commentaires des lois sur : l'aliénation des valeurs des mineurs et interdits; — la taxe des frais des notaires; — la mitoyenneté; — la responsabilité des locataires en cas d'incendie; — le divorce; — les ventes judiciaires d'immeubles; — les échanges d'immeubles ruraux; — les marchés à terme; — l'hypothèque légale de la femme; — la restriction du privilège de bailleur et l'attribution des indemnités dues par suite d'assurances; — la liquidation judiciaire; — la nationalité; — les décrets relatifs au notariat; — les droits d'hérédité entre époux; — les modifications au régime de la séparation de corps; — la publicité des conseils judiciaires; — les sociétés; — les sociétés de crédit agricole; — les droits d'enregistrement, les enfants naturels — le tarif légal — le recouvrement de frais et honoraires — le nantissement des fonds de commerce — les rapports à succession, etc.

Une table générale, à la suite de chacun des volumes, facilite les recherches.

Le tome IV qui comprend 1200 pages contient en outre, sous le titre de bulletin parlementaire, les exposés des motifs, rapports et discussions des projets de lois et propositions de loi concernant le droit notarial civil et fiscal.

FORMULES INÉDITES D'ACTES NOTARIÉS

DEPUIS L'ANNÉE 1881

Tome I,	années 1881-1890, 1 vol. in-8° de 618 pages.	Prix : *franco*, 8 fr. broché; 10 fr. 50 relié.
Tome II,	années 1891-1895, 1 vol. in-8° de 420 pages.	Prix : *franco*, 6 fr. broché; 8 fr. 50 relié.
Tome III,	années 1896-1900, 1 vol. in-8° de 550 pages.	Prix : *franco*, 8 fr. broché; 10 fr. 50 relié.

Ces volumes comprennent les formules inédites publiées dans le *Répertoire*, et relatives aux actes nouveaux suscités par la pratique des affaires ou par des lois nouvelles. Depuis 1893, elles sont en outre annotées, afin d'en faire ressortir l'application au point de vue de la pratique.

Ces trois volumes contiennent ensemble 622 formules. A la fin de chaque volume, une table alphabétique générale facilite les recherches.

TABLEAU VII

Part nette héréditaire comprise entre 250 001 et 500 000 francs.

CAPITAL imposable.	LIGNE directe.	ENTRE époux.	ENTRE frères et sœurs.	ENTRE oncles ou tantes et neveux ou nièces.	ENTRE grands-oncles ou grand'tantes petits-neveux ou petites-nièces et entre cousins germains.	ENTRE parents aux 5ᵉ et 6ᵉ degrés.	ENTRE parents au delà du 6ᵉ degré et entre personnes non parentes.
1	2	3	4	5	6	7	8
20	0,50	1,20	2,20	2,50	2,90	3,30	3,50
40	1	2,40	4,40	5	5,80	6,60	7
60	1,50	3,60	6,60	7,50	8,70	9,90	10,50
80	2	4,80	8,80	10	11,60	13,20	14
100	2,50	6	11	12,50	14,50	16,50	17,50
200	5	12	22	25	29	33	35
300	7,50	18	33	37,50	43,50	49,50	52,50
400	10	24	44	50	58	66	70
500	12,50	30	55	62,50	72,50	82,50	87,50
600	15	36	66	75	87	99	105
700	17,50	42	77	87,50	101,50	115,50	122,50
800	20	48	88	100	116	132	140
900	22,50	54	99	112,50	130,50	148,50	157,50
1 000	25	60	110	125	145	165	175
2 000	50	120	220	250	290	330	350
3 000	75	180	330	375	435	495	525
4 000	100	240	440	500	580	660	700
5 000	125	300	550	625	725	825	875
6 000	150	360	660	750	870	990	1 050
7 000	175	420	770	875	1 015	1 155	1 225
8 000	200	480	880	1 000	1 160	1 320	1 400
9 000	225	540	990	1 125	1 305	1 485	1 575
10 000	250	600	1 100	1 250	1 450	1 650	1 750
20 000	500	1 200	2 200	2 500	2 900	3 300	3 500
30 000	750	1 800	3 300	3 750	4 350	4 950	5 250
40 000	1 000	2 400	4 400	5 000	5 800	6 600	7 000
50 000	1 250	3 000	5 500	6 250	7 250	8 250	8 750
60 000	1 500	3 600	6 600	7 500	8 700	9 900	10 500
70 000	1 750	4 200	7 700	8 750	10 150	11 550	12 250
80 000	2 000	4 800	8 800	10 000	11 600	13 200	14 000
90 000	2 250	5 400	9 900	11 250	13 050	14 850	15 750
250 000	4 595	12 945	25 440	29 190	34 190	39 190	44 690
260 000	4 845	13 545	26 540	30 440	35 640	40 840	43 440
270 000	5 095	14 145	27 640	31 690	37 090	42 490	45 190
280 000	5 345	14 745	28 740	32 940	38 540	44 140	46 940
290 000	5 595	15 345	29 840	34 190	39 990	45 790	48 690
300 000	5 845	15 945	30 940	35 440	41 440	47 440	50 440
400 000	8 345	21 945	41 940	47 940	55 940	63 940	67 940
500 000	10 845	27 945	52 940	60 440	70 440	80 440	85 440

EXEMPLE. — La part nette revenant à un époux, en qualité de légataire ou d'héritier, est de 406 847 francs, soit en arrondissant 406 860 francs. Pour calculer le montant des droits de mutation qu'il a à payer, il faut prendre dans la colonne 3, les chiffres se rapportant à 400 000, 6 000, 800, 60, soit 21 945 + 360 + 48 + 3,60 = 22 356 fr. 60.

Ouvrages divers de M. DEFRÉNOIS

I. — **Traité et Formulaire des scellés et de l'inventaire.** 4° édition. Un volume grand in-8° (1897). Prix : *franco,* broché, 6 fr. ; relié toile. . . . . 6 fr. 75

La 4° édition a été entièrement réimprimée ; elle a été mise au courant de la jurisprudence et de la législation, notamment des lois du 9 mars 1891 sur les droits d'hérédité entre époux, et du 25 mars 1896 sur les enfants naturels. Elle contient 708 numéros d'explications et 123 Formules.

II. — **Traité et Formulaire des testaments authentiques, mystiques et olographes, et des legs.** 3° édition. Un volume gr. in-8 (1898), format portatif. Prix : *franco,* 4 fr. ; relié. . . . . 4 fr. 75

Ce Traité renferme 539 numéros d'explications et 150 Formules. Il est indispensable pour les testaments reçus à domicile.

III. — **Traité-Formulaire des Partages d'ascendants entre vifs et testamentaires** (300 nos d'explications et 40 formules). Broch. gr. in-8° (1894). Prix : broché, 4 fr. ; relié. . . . . 5 fr. »

IV. — **Traité-Formulaire des Contrats de mariage.** Broch. gr. in-8° (1892). Prix : broché, 4 fr. ; relié. . . . . 5 fr. »

V. — **Commentaire pratique de la Loi du 27 février 1880,** relative à l'aliénation des valeurs mobilières appartenant aux mineurs et aux interdits, et à la conversion de ces mêmes valeurs en titres au porteur, avec Formules. 2° édit. (1887). Broch. gr. in-8°. Prix : *franco* 2 fr. »

VI. — **Commentaire pratique de là Loi sur les Ventes judiciaires d'immeubles du 23 octobre 1884.** Broch. gr. in-8°, 3° édition (1891), avec 16 Formules. Prix : *franco* . . . . 2 fr. »

VII. — **Commentaire pratique des Lois des 27 juillet 1884 et 18 avril 1886 sur le divorce et la séparation de corps.** Un volume gr. in-8° relié, 3° édition (1887), avec 16 Formules. Prix : *franco.* . . 6 fr. 50

VIII. — **Commentaire pratique des Lois du 23 mars 1855, art. 9, et 13 février 1889,** relatives à la renonciation par la femme à son hypothèque légale, avec 27 Formules. Brochure gr. in-8° (1890). Prix : broché . . . . 3 fr. »

IX. — **Commentaire pratique des Décrets des 30 janvier et 2 février 1890 sur le Notariat,** avec 22 Formules. Broch. gr. in-8° (1890). Prix : *franco* . . . . 3 fr. »

X. — **Commentaire pratique de la Loi du 1er août 1893, sur les Sociétés par actions,** avec 7 formules. Broch. gr. in-8° de 84 pages (1893). Prix : *franco.* . . . . 2 fr. »

TABLEAU VIII

Part nette héréditaire comprise entre 500 001 et un million de francs.

CAPITAL imposable.	LIGNE directe.	ENTRE époux,	ENTRE frères et sœurs.	ENTRE oncles ou tantes et neveux ou nièces.	ENTRE grands-oncles ou grand'tantes petits-neveux ou petites-nièces et entre cousins germains.	ENTRE parents aux 5e et 6e degrés.	ENTRE parents au delà du 6e degré et entre personnes non parentes.
1	2	3	4	5	6	7	8
20	0,50	1,30	2,30	2,60	3	3,40	3,60
40	1	2,60	4,60	5,20	6	6,80	7,20
60	1,50	3,90	6,90	7,80	9	10,20	10,80
80	2	5,20	9,20	10,40	12	13,60	14,40
100	2,50	6,50	11,50	13	15	17	18
200	5	13	23	26	30	34	36
300	7,50	19,50	34,50	39	45	51	54
400	10	26	46	52	60	68	72
500	12,50	32,50	57,50	65	75	85	90
600	15	39	69	78	90	102	108
700	17,50	45,50	80,50	91	105	119	126
800	20	52	92	104	120	136	144
900	22,50	58,50	103,50	117	135	153	162
1 000	25	65	115	130	150	170	180
2 000	50	130	230	260	300	340	360
3 000	75	195	345	390	450	510	540
4 000	100	260	460	520	600	680	720
5 000	125	325	575	650	750	850	900
6 000	150	390	690	780	900	1 020	1 080
7 000	175	455	805	910	1 050	1 190	1 260
8 000	200	520	920	1 040	1 200	1 360	1 440
9 000	225	585	1 035	1 170	1 350	1 530	1 620
10 000	250	650	1 150	1 300	1 500	1 700	1 800
20 000	500	1 300	2 300	2 600	3 000	3 400	3 600
30 000	750	1 950	3 450	3 900	4 500	5 100	5 400
40 000	1 000	2 600	4 600	5 200	6 000	6 800	7 200
50 000	1 250	3 250	5 750	6 500	7 500	8 500	9 000
60 000	1 500	3 900	6 900	7 800	9 000	10 200	10 800
70 000	1 750	4 550	8 050	9 100	10 500	11 900	12 600
80 000	2 000	5 200	9 200	10 400	12 000	13 600	14 400
90 000	2 250	5 850	10 350	11 700	13 500	15 300	16 200
500 000	10 845	27 945	52 940	60 440	70 440	80 440	85 440
600 000	13 345	34 445	64 440	73 440	85 440	97 440	103 440
700 000	15 845	40 945	75 940	86 440	100 440	114 440	121 440
800 000	18 345	47 445	87 440	99 440	115 440	131 440	139 440
900 000	20 845	53 945	98 940	112 440	130 440	148 440	157 440
1 000 000	23 345	60 445	110 440	125 440	145 440	165 440	175 440

EXEMPLE. — La part nette héréditaire revenant à un frère est de 889 785 fr., soit en arrondissant 889 800 fr. Pour calculer les droits de mutation qu'il a à payer, on prend, dans la colonne 4, les chiffres se rapportant à 800 000, 80 000, 9 000 et 800, soit 87 440 + 9 200 + 1 035 + 92 = 97 767 fr.

TABLEAU IX

Part nette héréditaire comprise entre 1 million et 2 millions.

CAPITAL imposable.	LIGNE directe.	ENTRE époux.	ENTRE frères et sœurs.	ENTRE oncles ou tantes et neveux ou nièces.	ENTRE grands-oncles ou grand'tantes petits-neveux ou petites-nièces et entre cousins germains.	ENTRE parents aux 5e et 6e degrés.	ENTRE parents au delà du 6e degré et entre personnes non parentes.
1	1	3	4	5	6	7	8
20	0,60	1,40	2,40	2,70	3,10	3,50	3,70
40	1,20	2,80	4,80	5,40	6,20	7	7,40
60	1,80	4,20	7,20	8,10	9,30	10,50	11,10
80	2,40	5,60	9,60	10,80	12,40	14	14,80
100	3	7	12	13,50	15,50	17,50	18,50
200	6	14	24	27	31	35	37
300	9	21	36	40,50	46,50	52,50	55,50
400	12	28	48	54	62	70	74
500	15	35	60	67,50	77,50	87,50	92,50
600	18	42	72	81	93	105	111
700	21	49	84	94,50	108,50	122,50	129,50
800	24	56	96	108	124	140	148
900	27	63	108	121,50	139,50	157,50	166,50
1 000	30	70	120	135	155	175	185
2 000	60	140	240	270	310	350	370
3 000	90	210	360	405	465	525	555
4 000	120	280	480	540	620	700	740
5 000	150	350	600	675	775	875	925
6 000	180	420	720	810	930	1 050	1 110
7 000	210	490	840	945	1 085	1 225	1 295
8 000	240	560	960	1 080	1 240	1 400	1 480
9 000	270	630	1 080	1 215	1 395	1 575	1 665
10 000	300	700	1 200	1 350	1 550	1 750	1 850
20 000	600	1 400	2 400	2 700	3 100	3 500	3 700
30 000	900	2 100	3 600	4 050	4 650	5 250	5 550
40 000	1 200	2 800	4 800	5 400	6 200	7 000	7 400
50 000	1 500	3 500	6 000	6 750	7 750	8 750	9 250
60 000	1 800	4 200	7 200	8 100	9 300	10 500	11 100
70 000	2 100	4 900	8 400	9 450	10 850	12 250	12 950
80 000	2 400	5 600	9 600	10 800	12 400	14 000	14 800
90 000	2 700	6 300	10 800	12 150	13 950	15 750	16 650
100 000	3 000	7 000	12 000	13 500	15 500	17 500	18 500
200 000	6 000	14 000	24 000	27 000	31 000	35 000	37 000
300 000	9 000	21 000	36 000	40 500	46 500	52 500	55 500
400 000	12 000	28 000	48 000	54 000	62 000	70 000	74 000
500 000	15 000	35 000	60 000	67 500	77 500	87 500	92 500
600 000	18 000	42 000	72 000	81 000	93 000	105 000	111 000
700 000	21 000	49 000	84 000	94 500	108 500	122 500	129 500
800 000	24 000	56 000	96 000	108 000	124 000	140 000	148 000
900 000	27 000	63 000	108 000	121 500	139 500	157 500	166 500
1 000 000	23 345	60 445	110 440	125 440	145 440	165 440	175 440
2 000 000	53 345	130 445	230 440	260 440	300 440	340 440	360 440

TABLEAU X

Part nette héréditaire comprise entre 2 millions et 5 millions

CAPITAL imposable.	LIGNE directe.	ENTRE époux.	ENTRE frères et sœurs.	ENTRE oncles ou tantes et neveux ou nièces.	ENTRE grands-oncles ou grand'tantes petits-neveux ou petites-nièces et entre cousins germains.	ENTRE parents aux 5e et 6e degrés.	ENTRE parents au delà du 6e degré et entre personnes non parentes.
1	2	3	4	5	6	7	8
20	0,70	1,50	2,50	2,80	3,20	3,60	3,80
40	1,40	3	5	5,60	6,40	7,20	7,60
60	2,10	4,50	7,50	8,40	9,60	10,80	11,40
80	2,80	6	10	11,20	12,80	14,40	15,20
100	3,50	7,50	12,50	14	16	18	19
200	7	15	25	28	32	36	38
300	10,50	22,50	37,50	42	48	54	57
400	14	30	50	56	64	72	76
500	17.50	37,50	62,50	70	80	90	95
600	21	45	75	84	96	108	114
700	24,50	52,50	87,50	98	112	126	133
800	28	60	100	112	128	144	152
900	31,50	67,50	112,50	126	144	162	171
1 000	35	75	125	140	160	180	190
2 000	70	150	250	280	320	360	380
3 000	105	225	375	420	480	540	570
4 000	140	300	500	560	640	720	760
5 000	175	375	625	700	800	900	950
6 000	210	450	750	840	960	1 080	1 140
7 000	245	525	875	980	1 120	1 260	1 330
8 000	280	600	1 000	1 120	1 280	1 440	1 520
9 000	315	675	1 125	1 260	1 440	1 620	1 710
10 000	350	750	1 250	1 400	1 600	1 800	1 900
20 000	700	1 500	2 500	2 800	3 200	3 600	3 800
30 000	1 050	2 250	3 750	4 200	4 800	5 400	5 700
40 000	1 400	3 000	5 000	5 600	6 400	7 200	7 600
50 000	1 750	3 750	6 250	7 000	8 000	9 000	9 500
60 000	2 100	4 500	7 500	8 400	9 600	10 800	11 400
70 000	2 450	5 250	8 750	9 800	11 200	12 600	13 300
80 000	2 800	6 000	10 000	11 200	12 800	14 400	15 200
90 000	3 150	6 750	11 250	12 600	14 400	16 200	17 100
100 000	3 500	7 500	12 500	14 000	16 000	18 000	19 000
200 000	7 000	15 000	25 000	28 000	32 000	36 000	38 000
300 000	10 500	22 500	37 500	42 000	48 000	54 000	57 000
400 000	14 000	30 000	50 000	56 000	64 000	72 000	76 000
500 000	17 500	37 500	62 500	70 000	80 000	90 000	95 000
600 000	21 000	45 000	75 000	84 000	96 000	108 000	114 000
700 000	24 500	52 500	87 500	98 000	112 000	126 000	133 000
800 000	28 000	60 000	100 000	112 000	128 000	144 000	152 000
900 000	31 500	67 500	112 500	126 000	144 000	162 000	171 000
2 000 000	53 345	130 445	230 440	260 440	300 440	340 440	360 440
3 000 000	88 345	205 445	355 440	400 440	460 440	520 440	550 440
4 000 000	123 345	280 445	480 440	540 440	620 440	700 440	740 440
5 000 000	158 345	355 445	605 440	680 440	680 440	880 440	930 440

Ouvrages de M. Charles DEFRÉNOIS

Avocat à la Cour d'appel de Paris

Rédacteur en chef du *Répertoire général pratique du Notariat.*

Traité pratique du contrat d'assurance sur la vie (droit civil, droit fiscal, formules). — Un volume in-8°, avec *Supplément* (1897). — Prix : 6 fr.; relié basane . . . . **7 fr. 25**

Le *Contrat d'assurance sur la vie,* n'étant régi par aucun texte législatif, donne lieu à de nombreuses difficultés, tant en droit civil qu'en droit fiscal, spécialement *dans les liquidations de succession et de communauté.*

Cet ouvrage contient l'étude de toutes les conventions auxquelles peut se prêter le *contrat d'assurance sur la vie* (cession, nantissement, legs, donation). Il est terminé par TRENTE FORMULES.

Un supplément consacré spécialement à l'assurance entre époux a mis cet ouvrage au courant de la jurisprudence.

Du contrat d'assurance sur la vie entre époux. — Brochure grand in-8° (1897). — Prix . . . . **2 fr.**

Cette brochure est consacrée spécialement à l'assurance sur la vie entre époux; elle est divisée en neuf chapitres, traitant : le premier, des *considérations générales;* le second, des *formes de l'assurance sur la vie;* le troisième, de la *désignation de l'époux bénéficiaire;* le quatrième, du *caractère juridique de l'assurance entre époux;* le cinquième, de l'*acceptation par l'époux bénéficiaire;* le sixième, de l'*assurance entre époux sous le régime de la communauté;* le septième, de l'*assurance entre époux sous les régimes exclusifs de communauté et le régime dotal;* le huitième, de la *faillite de l'époux assuré;* le neuvième, du *droit fiscal.*

Traité-Formulaire des droits d'hérédité entre époux, commentaire pratique de la loi du 9 mars 1891, avec 18 formules, 4e édition. — Brochure grand in-8° (1895). — Prix : *franco* . . . . . . **2 fr. 50**

Ce commentaire est divisé en six chapitres, traitant : le premier, des *considérations générales relatives à cette loi, et principalement de la législation étrangère;* le second, des *droits en propriété du conjoint survivant;* le troisième, des *droits en usufruit du conjoint survivant;* le quatrième, de la *conversion de l'usufruit en rente viagère;* le cinquième, de la *pension alimentaire;* et le sixième, de l'*application de la loi aux colonies;* il est terminé par DIX-HUIT FORMULES.

Commentaire pratique de la loi du 25 mars 1896 sur les droits d'hérédité des enfants naturels, avec 24 formules. — Brochure grand in-8° (1899). — Prix : *franco* . . . . **3 fr.**

Ce commentaire est divisé en neuf chapitres qui traitent : le premier, des *considérations générales;* le second, de la *qualité d'héritier;* le troisième, de la *quotité des droits héréditaires;* le quatrième, de la *succession de l'enfant naturel;* le cinquième, de la *capacité de recevoir;* le sixième, de la *réserve des enfants naturels;* le septième, des *droits de mutations par décès;* le huitième, des *dispositions transitoires;* le neuvième, de l'*application de la loi aux colonies.* Un appendice est consacré à la législation étrangère; il est complété par VINGT-CINQ FORMULES.

— 24 —

TABLEAU XI

Part nette héréditaire comprise entre 5 millions et 10 millions.

CAPITAL imposable.	LIGNE directe	ENTRE époux.	ENTRE frères et sœurs.	ENTRE oncles ou tantes et neveux ou nièces.	ENTRE grands-oncles ou grand'tantes petits-neveux ou petites-nièces et entre cousins germains.	ENTRE parents aux 5e et 6e degrés.	ENTRE parents au delà du 6e degré et entre personnes non parentes.
1	2	3	4	5	6	7	8
20	0,80	1,60	2,60	2,90	3,30	3,70	3,90
40	1,60	3,20	5,20	5,80	6,60	7,40	7,80
60	2,40	4,80	7,80	8,70	9,90	11,10	11,70
80	3,20	6,40	10,40	11,60	13,20	14,80	15,60
100	4	8	13	14,50	16,50	18,50	19,50
200	8	16	26	29	33	37	39
300	12	24	39	43,50	49,50	55,50	58,50
400	16	32	52	58	66	74	78
500	20	40	65	72,50	82,50	92,50	97,50
600	24	48	78	87	99	111	117
700	28	56	91	101,50	115,50	129,50	136,50
800	32	64	104	116	132	148	156
900	36	72	117	130,50	148,50	166,50	175,50
1 000	40	80	130	145	165	185	195
2 000	80	160	260	290	330	370	390
3 000	120	240	390	435	495	555	585
4 000	160	320	520	580	660	740	780
5 000	200	400	650	725	825	925	975
6 000	240	480	780	870	990	1 110	1 170
7 000	280	560	910	1 015	1 155	1 295	1 365
8 000	320	640	1 040	1 160	1 320	1 480	1 560
9 000	360	720	1 170	1 305	1 485	1 665	1 755
10 000	400	800	1 300	1 450	1 650	1 850	1 950
20 000	800	1 600	2 600	2 900	3 300	3 700	3 900
30 000	1 200	2 400	3 900	4 350	4 950	5 550	5 850
40 000	1 600	3 200	5 200	5 800	6 600	7 400	7 800
50 000	2 000	4 000	6 500	7 250	8 250	9 250	9 750
60 000	2 400	4 800	7 800	8 700	9 900	11 100	11 700
70 000	2 800	5 600	9 100	10 150	11 550	12 950	13 650
80 000	3 200	6 400	10 400	11 600	13 200	14 800	15 600
90 000	3 600	7 200	11 700	13 050	14 850	16 650	17 550
100 000	4 000	8 000	13 000	14 500	16 500	18 500	19 500
200 000	8 000	16 000	26 000	29 000	33 000	37 000	39 000
300 000	12 000	24 000	39 000	43 500	49 500	55 500	58 500
400 000	16 000	32 000	52 000	58 000	66 000	74 000	78 000
500 000	20 000	40 000	65 000	72 500	82 500	92 500	97 500
600 000	24 000	48 000	78 000	87 000	99 000	111 000	117 000
700 000	28 000	56 000	91 000	101 500	115 500	129 500	136 500
800 000	32 000	64 000	104 000	116 000	132 000	148 000	156 000
900 000	36 000	72 000	117 000	130 500	148 500	166 500	175 500
5 000 000	158 345	355 445	605 440	680 440	780 440	880 440	930 440
6 000 000	198 345	435 445	735 440	825 440	945 440	1065 440	1125 440
7 000 000	238 345	515 445	865 440	970 440	1110 440	1250 440	1320 440
8 000 000	278 345	595 445	995 440	1115 440	1275 440	1435 440	1515 440
9 000 000	318 345	675 445	1125 440	1260 440	1440 440	1620 440	1710 440
10 000 000	358 345	755 445	1255 440	1405 440	1605 440	1805 440	1905 440

COMMENTAIRE PRATIQUE

AVEC FORMULES

DE LA LOI DU 25 FÉVRIER 1901

SUR

LES DROITS DE MUTATION PAR DÉCÈS

LES DONATIONS ENTRE VIFS

L'ÉVALUATION DE L'USUFRUIT ET DE LA NUE PROPRIÉTÉ

Un vol. in-8 de 230 pages

Prix, *franco* broché, **5** fr.; relié. . . . . **6** fr.

(Extrait du *Répertoire général pratique du Notariat*.)

Beaucoup de commentaires sur cette loi importante sont déjà parus; mais les plus importants ont été publiés par des agents de l'Administration de l'Enregistrement, et, par conséquent, dans un but fiscal. Le commentaire que nous avons publié a été conçu dans un sens tout différent; nous avons indiqué les moyens légaux de résister aux demandes de l'Administration. C'est donc un commentaire essentiellement pratique, à l'usage des notaires. Il est terminé par 53 formules constituant des exemples pratiques et des barêmes pour le calcul des droits, et par les instructions de la Régie relatives à l'application de cette loi.

TABLE DÉCENNALE

(ANNÉES 1881-1890)

Du *RÉPERTOIRE GÉNÉRAL PRATIQUE DU NOTARIAT*

Un volume grand in-8 — Prix : broché, 12 fr.; relié, 14 fr. 50

*Réduit pour les abonnés et les Souscripteurs au Supplément du Traité-Formulaire
à : broché, **10** fr.; relié, **12** fr. **50***

Pendant la période décennale de 1881 à 1890, le *Répertoire général pratique du Notariat* a publié près de 6 000 décisions de jurisprudence et il renferme également de nombreux documents de pratique notariale, réponses aux questions des abonnés et dissertations pratiques, ainsi que le commentaire des lois intéressant le droit notarial, civil et fiscal, et 320 formules inédites.

La Table décennale de 1881 à 1890 contient le résumé de toutes ces matières; elle est indispensable pour toutes recherches à faire pendant cette période.

Part nette héréditaire comprise entre 10 millions et 50 millions

CAPITAL imposable.	LIGNE directe.	ENTRE époux.	ENTRE frères et sœurs.	ENTRE oncles ou tantes et neveux ou nièces.	ENTRE grands-oncles ou grand'tantes petits-neveux ou petites-nièces et entre cousins germains.	ENTRE parents aux 5e et 6e degrés.	ENTRE parents au delà du 6e degré et entre personnes non parentes.
1	2	3	4	5	6	7	8
20	0,90	1,70	2,70	3	3,40	3,80	4
40	1,80	3,40	5,40	6	6,80	7,60	8
60	2,70	5,10	8,10	9	10,20	11,40	12
80	3,60	6,80	10,80	12	13,60	15,20	16
100	4,50	8,50	13,50	15	17	19	20
200	9	17	27	30	34	38	40
300	13,50	25,50	40,50	45	51	57	60
400	18	34	54	60	68	76	80
500	22,50	42,50	67,50	75	85	95	100
600	27	51	81	90	102	114	120
700	31,50	59,50	94,50	105	119	133	140
800	36	68	108	120	136	152	160
900	40,50	76,50	121,50	135	153	171	180
1 000	45	85	135	150	170	190	200
2 000	90	170	270	300	340	380	400
3 000	135	255	405	450	510	570	600
4 000	180	340	540	600	680	760	800
5 000	225	425	675	750	850	950	1 000
6 000	270	510	810	900	1 020	1 140	1 200
7 000	315	595	945	1 050	1 190	1 330	1 400
8 000	360	680	1 080	1 200	1 360	1 520	1 600
9 000	405	765	1 215	1 350	1 530	1 710	1 800
10 000	450	850	1 350	1 500	1 700	1 900	2 000
20 000	900	1 700	2 700	3 000	3 400	3 800	4 000
30 000	1 350	2 550	4 050	4 500	5 100	5 700	6 000
40 000	1 800	3 400	5 400	6 000	6 800	7 600	8 000
50 000	2 250	4 250	6 750	7 500	8 500	9 500	10 000
60 000	2 700	5 100	8 100	9 000	10 200	11 400	12 000
70 000	3 150	5 950	9 450	10 500	11 900	13 300	14 000
80 000	3 600	6 800	10 800	12 000	13 600	15 200	16 000
90 000	4 050	7 650	12 150	13 500	15 300	17 100	18 000
100 000	4 500	8 500	13 500	15 000	17 000	19 000	20 000
200 000	9 000	17 000	27 000	30 000	34 000	38 000	40 000
300 000	13 500	25 500	40 500	45 000	51 000	57 000	60 000
400 000	18 000	34 000	54 000	60 000	68 000	76 000	80 000
500 000	22 500	42 500	67 500	75 000	85 000	95 000	100 000
600 000	27 000	51 000	81 000	90 000	102 000	114 000	120 000
700 000	31 500	59 500	94 500	105 000	119 000	133 000	140 000
800 000	36 000	68 000	108 000	120 000	136 000	152 000	160 000
900 000	40 500	76 500	121 500	135 000	153 000	171 000	180 000
1 000 000	45 000	85 000	135 000	150 000	170 000	190 000	200 000
2 000 000	90 000	170 000	270 000	300 000	340 000	380 000	400 000
3 000 000	135 000	255 000	405 000	450 000	510 000	570 000	600 000
4 000 000	180 000	340 000	540 000	600 000	680 000	760 000	800 000
5 000 000	225 000	425 000	675 000	750 000	850 000	950 000	1 000 000
6 000 000	270 000	510 000	810 000	900 000	1 020 000	1 140 000	1 200 000
7 000 000	315 000	595 000	945 000	1 050 000	1 190 000	1 330 000	1 400 000
8 000 000	360 000	680 000	1 080 000	1 200 000	1 360 000	1 520 000	1 600 000
9 000 000	405 000	765 000	1 215 000	1 350 000	1 530 000	1 710 000	1 800 000
10 000 000	358 345	755 445	1 255 440	1 405 440	1 605 440	1 805 440	1 905 440
20 000 000	808 345	1 605 445	2 605 440	2 905 440	3 305 440	3 705 440	3 905 440
30 000 000	1 258 345	2 455 445	3 955 440	4 405 440	5 005 440	5 605 440	5 905 440
40 000 000	1 708 345	3 305 445	5 305 440	5 905 440	6 705 440	7 505 440	7 905 440
50 000 000	2 158 345	4 155 445	6 655 440	7 405 440	8 405 440	9 405 440	9 905 440

AVANTAGES RÉSERVÉS AUX ABONNÉS DU RÉPERTOIRE

I. Bureau de consultation.

Il est répondu **gratuitement** aux questions posées brièvement et sans examen de pièces. Chaque lettre ne doit contenir qu'une seule question. Les réponses sont adressées dans un délai de quinze jours ; elles sont concises, sans développement doctrinal ni citations autres que celles du *Traité-Formulaire* et du Répertoire. **Il n'est pas répondu aux lettres ne contenant pas de timbre pour la réponse.**

Moyennant une **rémunération de 5 francs**, une réponse plus développée est adressée dans les quatre jours de la réception de la lettre. Quant aux réponses qui demandent l'examen de pièces, leur rétribution, suivant le travail, est fixée entre 6 et 20 fr. Les consultations exceptionnelles et les mémoires d'enregistrement sont tarifés suivant leur importance.

II. Bureau de rédaction de liquidations.

L'Administration a organisé un bureau spécial s'occupant de rédaction de liquidations, partages, comptes de tutelle, sociétés et autres actes que le notaire peut ne pas avoir le temps de préparer. Le travail est confié à des liquidateurs et praticiens expérimentés. La rétribution, très modérée, est fixée suivant l'importance de l'affaire et les difficultés du travail.

III. Bureau de correspondance.

L'Administration se charge des opérations suivantes : Déclarations de successions ; — Dépôts de contrats de mariage de commerçants ; — Publications d'actes de sociétés; — Renonciations à succession et acceptations bénéficiaires; — Formalités hypothécaires et judiciaires ; — Traduction de pièces ; — Productions à faillite ; — Insertions dans les journaux, etc. ; — Honoraires : 2 à 3 fr. par démarche.

IV. Bureau de légalisations.

L'Administration a organisé un service spécial de légalisations de pièces destinées à l'Etranger ou venant de l'Etranger. Le retour des pièces, sauf de rares exceptions, a lieu par le même courrier. TARIF : légalisations aux ministères : une légalisation, 3 fr. ; deux légalisations, 3 fr. 50; légalisation au consulat : 1 fr.; plus les droits de chancellerie et les frais de port.

V. Bureau de transferts et mutations.

L'Administration a établi, au siège du *Répertoire*, pour le service des abonnés, un BUREAU SPÉCIAL, s'occupant exclusivement de MUTATIONS ET TRANSFERTS DE RENTES ET AUTRES VALEURS. Ce bureau abrège les délais, évite les rebuts et rend, par ce moyen, de réels services aux notaires.

TARIF : 6 fr. par compagnie, à moins qu'il ne s'agisse de transferts d'une importance ou d'une difficulté exceptionnelle. Dans tous les cas, la rétribution est très modérée.

VI. Bureau d'insertions de demandes et offres de clercs.

Les insertions sont gratuites et reproduites pendant deux mois. Si l'abonné désire que l'on prenne l'adresse au bureau du *Recueil*, il devra joindre à sa lettre de demande d'insertion **2 fr.** en timbres-poste pour frais de correspondance.

L'Administration ne s'immisce nullement dans le placement des clercs, elle se borne simplement à transmettre les adresses. — Les demandes d'insertions doivent être parvenues au bureau six jours avant la date du cahier. — Il n'est pas répondu aux lettres ne contenant pas un timbre pour la réponse.

VII. Bureau d'insertions de cessions d'office.

Ces insertions sont gratuites; elles doivent mentionner le nom et l'adresse de la personne qui les fait.

S'il est mentionné de s'adresser au bureau du *Recueil*, il doit être joint à la lettre de demande d'insertion 5 fr. pour les frais de correspondance.

TABLEAU XIII

Part nette héréditaire au delà de 50 millions.

CAPITAL imposable.	LIGNE directe.	ENTRE époux.	ENTRE frères et sœurs	ENTRE oncles ou tantes ét neveux ou nièces.	ENTRE grands-oncles ou grand' tantes petits-neveux ou petites-nièces et entre cousins germains.	ENTRE parents aux 5e et 6e degrés.	ENTRE parents au delà du 6e degré et entre personnes non parentes.
1	2	3	4	5	6	7	8
20	1	1,80	2,80	3,10	3,50	3,90	4,10
40	2	3,60	5,60	6,20	7	7,80	8,20
60	3	5,40	8,40	9,30	10,50	11,70	12,30
80	4	7,20	11,20	12,40	14	15,60	16,40
100	5	9	14	15,50	17,50	19,50	20,50
200	10	18	28	31	35	39	41
300	15	27	42	46,50	52,50	58,50	61,50
400	20	36	56	62	70	78	82
500	25	45	70	77,50	87,50	97,50	102,50
600	30	54	84	93	105	117	123
700	35	63	98	108,50	122,50	136,50	143,50
800	40	72	112	124	140	156	164
900	45	81	126	139,50	157,50	175,50	184,50
1 000	50	90	140	155	175	195	205
2 000	100	180	280	310	350	390	410
3 000	150	270	420	465	525	585	615
4 000	200	360	560	620	700	780	820
5 000	250	450	700	775	875	975	1 025
6 000	300	540	840	930	1 050	1 170	1 230
7 000	350	630	980	1 085	1 225	1 365	1 435
8 000	400	720	1 120	1 240	1 400	1 560	1 640
9 000	450	810	1 260	1 395	1 575	1 755	1 845
10 000	500	900	1 400	1 550	1 750	1 950	2 050
20 000	1 000	1 800	2 800	3 100	3 500	3 900	4 100
30 000	1 500	2 700	4 200	4 650	5 250	5 850	6 150
40 000	2 000	3 600	5 600	6 200	7 000	7 800	8 200
50 000	2 500	4 500	7 000	7 750	8 750	9 750	10 250
60 000	3 000	5 400	8 400	9 300	10 500	11 700	12 300
70 000	3 500	6 300	9 800	10 850	12 250	13 650	14 350
80 000	4 000	7 200	11 200	12 400	14 000	15 600	16 400
90 000	4 500	8 100	12 600	13 950	15 750	17 550	18 450
100 000	5 000	9 000	14 000	15 500	17 500	19 500	20 500
200 000	10 000	18 000	28 000	31 000	35 000	39 000	41 000
300 000	15 000	27 000	42 000	46 500	52 500	58 500	61 500
400 000	20 000	36 000	56 000	62 000	70 000	78 000	82 000
500 000	25 000	45 000	70 000	77 500	87 500	97 500	102 500
600 000	30 000	54 000	84 000	93 000	105 000	117 000	123 000
700 000	35 000	63 000	98 000	108 500	122 500	136 500	143 500
800 000	40 000	72 000	112 000	124 000	140 000	156 000	164 000
900 000	45 000	81 000	126 000	139 500	157 500	175 500	184 500
1 000 000	50 000	90 000	140 000	155 000	175 000	195 000	205 000
2 000 000	100 000	180 000	280 000	310 000	350 000	390 000	410 000
3 000 000	150 000	270 000	420 000	465 000	525 000	585 000	615 000
4 000 000	200 000	360 000	560 000	620 000	700 000	780 000	820 000
5 000 000	250 000	450 000	700 000	775 000	875 000	975 000	1 025 000
6 000 000	300 000	540 000	840 000	930 000	1 050 000	1 170 000	1 230 000
7 000 000	350 000	630 000	980 000	1 085 000	1 225 000	1 365 000	1 435 000
8 000 000	400 000	720 000	1 120 000	1 240 000	1 400 000	1 560 000	1 640 000
9 000 000	450 000	810 000	1 260 000	1 395 000	1 575 000	1 755 000	1 845 000
10 000 000	500 000	900 000	1 400 000	1 550 000	1 750 000	1 950 000	2 050 000
50 000 000	2 158 345	4 155 445	6 655 440	7 405 440	8 405 440	9 405 440	9 905 440
60 000 000	2 658 345	5 055 445	8 055 440	8 955 440	10 155 440	11 355 440	11 955 440
70 000 000	3 158 345	5 955 445	9 455 440	10 505 440	11 905 440	13 305 440	14 005 440
80 000 000	3 658 345	6 855 445	10 855 440	12 055 440	13 655 440	15 255 440	16 055 440
90 000 000	4 158 345	7 755 445	12 255 440	13 605 440	15 405 440	17 205 440	18 405 440
100 000 000	4 658 345	8 655 445	13 655 440	15 155 440	17 155 440	19 155 440	20 155 440

TARIF

DES REGISTRES DE LA COMPTABILITÉ NOTARIALE

D'après les modèles officiels

AVEC EN-TÊTES IMPRIMÉS SUR PAPIER PREMIÈRE QUALITÉ

établis sur commande

**Les registres sont réglés, foliotés, et une étiquette en maroquin doré
sur le dos et le plat indique la nature du registre.**

1° Livre-Journal pour étude et clients : 3 formats, 32 × 24, 36 × 28, et oblong, 24 × 32.
2° Livre-Journal pour étude seulement : 1 format, 36 × 28.
3° Livre-Journal pour clients seulement : 1 format, 36 × 28.
4° Livre de dépôts des titres et valeurs : 2 formats, 32 × 24, 36 × 28.
5° Grand-Livre pour étude et clients : 4 formats, 36 × 28, 44 × 28, 44 × 32, et oblong, 24 × 32.
6° Grand-Livre pour étude seulement : 1 format, 44 × 28.
7° Grand-Livre pour clients seulement : 1 format, 44 × 28.
8° Registre de frais d'actes sans détail des formalités : 1 format, 44 × 28.
9° Registre de frais d'actes avec détail des formalités : 1 format, 44 × 28.
10° Registre de frais d'actes avec ou sans détail des formalités, avec colonne d'observations :
1 format, 44 × 32.

PRIX NET PAR CHAQUE REGISTRE (PORT DÛ) :

RELIURE SOIGNÉE, TOILE PREMIÈRE QUALITÉ	200 PAGES	300 PAGES	400 PAGES	500 PAGES	600 PAGES
	fr. c.	fr. c.	fr. c.	fr. c.	fr. c.
Format 32×24 ou 24×32 . . .	6 50	8 50	10 50	12 50	14 50
Format 36×28	9 »	11 50	14 »	16 50	19 »
Format 44×28	12 »	15 »	18 »	22 »	25 »
Format 44×32	14 »	17 »	20 »	24 »	27 »

Reliure basane : augmentation de 2 fr. pour le format 32 × 24 ou 24 × 32, de 2 fr. 50 pour les autres formats.
Reliure dos basane, plats toile, coins cuivre : augmentation de 4 fr. par registre.
Reliure basane, dos et coins cuivre : augmentation de 8 fr. par registre.

REGISTRES ACCESSOIRES

Registre de balance de compte, format 44 × 28, reliure toile. Prix : 100 pages, 9 fr. ; — 200 pages, 12 fr.
Registres d'intérêts, format oblong, 24 × 32, reliure toile. Prix : 200 pages, 6 fr. 50 ; — 300 pages, 9 fr.
Registre de ventes mobilières, format 36 × 28, reliure toile, 200 pages. Prix 9 fr.
Registre de reçus à souche, fait sur modèle, 1 000 reçus, 2 ou 4 à la page (format 22 × 28 ou 44 × 28), numérotés et perforés, reliure toile. Prix : 26 fr.
Répertoire alphabétique de 24 feuillets à la fin d'un registre. Prix : 1 fr.
Répertoire alphabétique, séparé, reliure toile, 48 feuillets. Prix : 2 fr. 50.
Étiquette maroquin doré pour l'indication de l'étude, par registre : 1 fr.
Bulletin de versement à la caisse des consignations, le 100 : 1 fr. 25.

Emballage 1 » à 1 fr. 75.

Un Spécimen des Registres est envoyé à toute demande.

Note sur la Confection des Registres

Tous les registres sont confectionnés sur commande, d'après les modèles de l'administration. Le papier est de première qualité et très épais ; leur reliure est très soignée et excessivement solide. A partir de 400 pages, et afin de donner une plus grande solidité à la reliure, ils sont faits en reliure dite anglaise et rubannés.

TABLEAU DES DROITS PROPORTIONNELS D'ENREGISTREMENT SUR LES DONATIONS ENTRE VIFS

CAPITAL IMPOSABLE	LIGNE DIRECTE			ENTRE ÉPOUX		ENTRE FRÈRES ET SŒURS		ONCLES, NEVEUX		GRANDS-ONCLES, PETITS-NEVEUX, COUSINS-GERMAINS		AUX 5e ET 6e DEGRÉS		AU DELA DU 6e DEGRÉ ET NON PARENTS	
	Partages d'ascendants 1,70 p.100	Par contrat de mariage 2 p.100	Hors contrat de mariage 3,50 p.100	Par contrat de mariage 3,50 p.100	Hors contrat de mariage 5 p.100	Par contrat de mariage 7 p.100	Hors contrat de mariage 9 p.100	Par contrat de mariage 8 p.100	Hors contrat de mariage 10 p.100	Par contrat de mariage 9 p.100	Hors contrat de mariage 11 p.100	Par contrat de mariage 10 p.100	Hors contrat de mariage 12 p.100	Par contrat de mariage 11 p.100	Hors contrat de mariage 13,50 p.100
1	2	3	4	5	6	7	8	9	10	11	12	13	14	15	16
20	0,34	0,40	0,70	0,70	1	1,40	1,80	1,60	2	1,80	2,20	2	2,40	2,20	2,70
40	0,68	0,80	1,40	1,40	2	2,80	3,60	3,20	4	3,60	4,40	4	4,80	4,40	5,40
60	1,02	1,20	2,10	2,10	3	4,20	5,40	4,80	6	5,40	6,60	6	7,20	6,60	8,10
80	1,36	1,60	2,80	2,80	4	5,60	7,20	6,40	8	7,20	8,80	8	9,60	8,80	10,80
100	1,70	2	3,50	3,50	5	7	9	8	10	9	11	10	12	11	13,50
200	3,40	4	7	7	10	14	18	16	20	18	22	20	24	22	27
300	5,10	6	10,50	10,50	15	21	27	24	30	27	33	30	36	33	40,50
400	6,80	8	14	14	20	28	36	32	40	36	44	40	48	44	54
500	8,50	10	17,50	17,50	25	35	45	40	50	45	55	50	60	55	67,50
600	10,20	12	21	21	30	42	54	48	60	54	66	60	72	66	81
700	11,90	14	24,50	24,50	35	49	63	56	70	63	77	70	84	77	94,50
800	13,60	16	28	28	40	56	72	64	80	72	88	80	96	88	108
900	15,30	18	31,50	31,50	45	63	81	72	90	81	99	90	108	99	121,50
1 000	17	20	35	35	50	70	90	80	100	90	110	100	120	110	135
2 000	34	40	70	70	100	140	180	160	200	180	220	200	240	220	270
3 000	51	60	105	105	150	210	270	240	300	270	330	300	360	330	405
4 000	68	80	140	140	200	280	360	320	400	360	440	400	480	440	540
5 000	85	100	175	175	250	350	450	400	500	450	550	500	600	550	675
6 000	102	120	210	210	300	420	540	480	600	540	660	600	720	660	810
7 000	119	140	245	245	350	490	630	560	700	630	770	700	840	770	945
8 000	136	160	280	280	400	560	720	640	800	720	880	800	960	880	1 080
9 000	153	180	315	315	450	630	810	720	900	810	990	900	1 080	990	1 215
10 000	170	200	350	350	500	700	900	800	1 000	900	1 100	1 000	1 200	1 100	1 350
20 000	340	400	700	700	1 000	1 400	1 800	1 600	2 000	1 800	2 200	2 000	2 400	2 200	2 700
30 000	510	600	1 050	1 050	1 500	2 100	2 700	2 400	3 000	2 700	3 300	3 000	3 600	3 300	4 050
40 000	680	800	1 400	1 400	2 000	2 800	3 600	3 200	4 000	3 600	4 400	4 000	4 800	4 400	5 400
50 000	850	1 000	1 750	1 750	2 500	3 500	4 500	4 000	5 000	4 500	5 500	5 000	6 000	5 500	6 750
60 000	1 020	1 200	2 100	2 100	3 000	4 200	5 400	4 800	6 000	5 400	6 600	6 000	7 200	6 600	8 100
70 000	1 190	1 400	2 450	2 450	3 500	4 900	6 300	5 600	7 000	6 300	7 700	7 000	8 400	7 700	9 450
80 000	1 360	1 600	2 800	2 800	4 000	5 600	7 200	6 400	8 000	7 200	8 800	8 000	9 600	8 800	10 800
90 000	1 530	1 800	3 150	3 150	4 500	6 300	8 100	7 200	9 000	8 100	9 900	9 000	10 800	9 900	12 150
100 000	1 700	2 000	3 500	3 500	5 000	7 000	9 000	8 000	10 000	9 000	11 000	10 000	12 000	11 000	13 500

NOTA. — Les droits de donation ne sont pas soumis aux décimes; ils se calculent sur les sommes rondes de 20 en 20 francs; droit minimum à percevoir : 0 fr. 25.

EXEMPLE D'APPLICATION. — Donation de biens d'une valeur déterminée de 15 680 francs consentie hors contrat de mariage entre frères et sœurs. Pour connaître les droits à payer, on prend dans la colonne 8 les chiffres se rapportant à 10 000, 5,000, 600 et 80, soit 900 + 450 + 54 + 7, 20 = 1 411 fr. 20, montant des droits a payer.

— 34 —

IMPRIMÉS A L'USAGE DES NOTAIRES

Prix le 100.
France.

Certificat de contrat de mariage, impression recto et verso.	2 »
Certificat de vie pour pensions civiles de toute nature.	2 »
Certificat de pensions militaires (modèle 1903).	2 »
Certificat de vie pour pensions militaires, Légion d'Honneur, médaille militaire, pensions de veuves (*modèle 1903*).	2 »
Certificat de vie pour rentes viagéres (caisse nationale des retraites pour la vieillesse)	2 »
Certificat de vie pour rentes viagères (caisse des offrandes nationales).	2 »
Réquisition d'Etat d'inscription par extraits succincts, l'Etat des saisies depuis dix ans par extraits succincts, etc., etc. (état prescrit par lois des 23 mars 1855 et 13 fév. 1889). — (état prescrit par articles 939, 1069 du Code civil).	1.75
Réquisition d'Etat individuel.	1.75
Réquisition d'Etats sur transcription.	1.75
Réquisition de certificat de non-transcription.	1.75
Bordereau d'inscription hypothécaire passe-partout.	1.75
Bordereau d'hypothèque conventionnelle.	1.75
Bordereau d'hypothèque conventionnelle et légale.	1.75
Avertissement qu'une inscription va être périmée.	1.25
Lettre adressée avant le trimestre à M. le procureur de la République pour les liquidations et partages (loi 7 septembre 1880)	2 »
Procuration pour caisse d'épargne	1.75
Etat des produits d'une étude pendant les 7 dernières années, grand format. . *l'exemplaire*	» 25
Projet de procuration pour recueillir une succession, *le cent*	2.50

L'administration se charge également de toutes fournitures de papeterie.

ABONNEMENTS ET DEMANDES D'OUVRAGES

Les bulletins de souscriptions et demandes d'ouvrages doivent être adressés à M. le Directeur du *Répertoire général pratique du Notariat*, rue d'Assas, n° 40, Paris, 6e.

Les expéditions sont faites franco à domicile ou en gare la plus proche.

Le prix doit être joint au montant de la commande si elle n'excède pas 20 francs.

Pour les commandes de 20 à 50 francs, le payement peut être effectué : 10 francs en souscrivant, et le surplus moitié à deux mois et moitié à quatre mois, et pour les commandes supérieures à 50 francs : 10 francs en souscrivant et le surplus par quart de deux en deux mois, sur mandat de l'administration.

Pour les commandes supérieures à 20 francs, il est fait une remise de 10 p. 100 sur les prix brochés des ouvrages, en cas de payement comptant par mandat poste joint à la commande. Aucune remise n'est faite sur le prix de l'abonnement au Répertoire, sur les prix des registres ainsi que sur les prix des imprimés.

BARÈME DE L'USUFRUIT ET DE LA NUE PROPRIÉTÉ

VALEUR DE L'USUFRUIT ET DE LA NUE PROPRIÉTÉ
(Mutations entre vifs à titre gratuit et mutations par décès, échanges.)

AGE de l'usufruitier.	VALEUR de l'usufruit.	VALEUR de la nue propriété.
Moins de 20 ans révolus.	7/10 de la propriété entière	3/10 de la propriété entière.
— 30 —	6/10 —	4/10 —
— 40 —	5/10 —	5/10 —
— 50 —	4/10 —	6/10 —
— 60 —	3/10 —	7/10 —
— 70 —	2/10 —	8/10 —
Plus de 70 —	1/10 —	9/10 —

Exemple : Un époux décède laissant trois enfants et sa veuve usufruitière
de moitié. Le total des valeurs de succession est de. . . . . .   157.600   »
L'usufruit porte sur moitié, soit sur. . . . .   78.800   »

Si la veuve a 45 ans, la valeur légale de cet usufruit est des
4/10, soit.   31.520   »
La valeur de la nue propriété est des 6/10, soit. . . . . .   47.280   »

Les enfants recueillent donc en pleine propriété. . . . .   157.600   »
Moins les valeurs soumises à usufruit. . . . .   78.800   »

Soit. . . . .   78.800   »

En nue propriété . . . .   78.800   »

Dont la valeur est de. . . . .   47.280   »

Au total. . . . .   126.080   »
Part de chaque enfant 1/3. . . . .   42.026 66
La veuve recueille en usufruit. . . . . . .   78.800   »
Dont la valeur est de. . . . .   31.520   »

En consultant notre barème (tableau n° 4), on trouve pour les droits dus
par chaque enfant (1re colonne) 570 fr. + 30 fr. + 0 fr. 60 =   600 fr. 60
soit pour les 3 enfants . . . .   1.801 fr. 80

Et, au même tableau, on trouve, pour les droits dus par la
veuve (2e colonne) : 1 295 fr. + 45 fr. + 22 fr. 50 + 0 fr. 90 =   1.363 fr. 40

Valeur de l'usufruit temporaire.

DURÉE de l'usufruit.	VALEUR de l'usufruit.	VALEUR de la nue propriété.
Durée de 10 ans au plus.	2/10 de la propriété entière	8/10 de la propriété entière
— 10 à 20 ans.	4/10 —	6/10 —
— 20 à 30 —	6/10 —	4/10 —
— 30 à 40 —	8/10 —	2/10 —
— 40 à 50 —	10/10 —	Néant.

BIBLIOTHÈQUE NOTARIALE

Remise 10 p. 100 en cas de payement comptant pour toute commande supérieure à 20 fr.

§ 1. — CODES & LOIS USUELLES. (Textes)

I. **Petite collection DALLOZ.**
Code civil annoté, 1 vol. in-8 tellière, reliure toilé, **3** fr. ; reliure peau, **3** fr. **75.**
Code de procédure civile annoté, 1 vol. in-8 tellière, reliure toile, **3** fr. ; reliure peau, **3** fr. **75.**
Code de Commerce annoté avec lois industrielles et ouvrières (même prix).

II. **RIVIÈRE, Faustin HÉLIE et Paul PONT. — Codes français et Lois usuelles.**
1 très fort vol. grand in-8, **25** fr. — Relié demi-chagrin en un vol. **28** fr., en 2 vol. **31** fr.
— Les mêmes, 1 vol. in-32, **6** fr. — Relié, **7** fr. **50** ; en 2 vol. **9** fr.

§ 2. — CODE CIVIL EXPLIQUÉ

I. **DEMOLOMBE. — Cours de Code civil.** 32 vol. in-8. — Prix : **256** fr.
II. **GUILLOUARD. —** *Traité du contrat de mariage*, 4 vol. in-8 (1895). Prix . . . **32** fr.
— *Traité du contrat de louage*, 2 vol. in-8 (1891). — Prix . . . . **16** fr.
— *Traité de la vente*, 2 vol. in-8 (1890-1891). — Prix . . . . **16** fr.
— *Traité des contrats de société*, 1 vol. in-8 (1892). — Prix . . . . **8** fr.
— *Traité du prêt, du dépôt et du séquestre*, 1 vol. in-8 (1893). — Prix . . . . . **8** fr.
— *Traité des contrats aléatoires et du mandat*, 1 vol. in-8 (1894). — Prix . . . . **8** fr.
— *Traité du cautionnement et des transactions*, 1 vol. in-8 (1895). — Prix . . . . **8** fr.
— *Traité du nantissement et du droit de rétention*, 1 vol. in-8 (1896). — Prix . . **8** fr.
— *Traité des privilèges et hypothèques*, 4 vol. in-8 (1897-1899). — Prix . . . . . . **32** fr.
— *Traité de la prescription*, 2 vol. in-8 (1900-1901). — Prix . . . . **16** fr.
III. **Théophile HUC. — Commentaire théorique et pratique du Code civil** en 14 vol. in-8 (1891-1900). — Prix : **126** fr.
IV. **BAUDRY-LACANTINERIE. — Traité théorique et pratique de Droit civil,** avec la collaboration des professeurs des Facultés de droit. 25 vol. in-8. — Prix : **250** fr.
V. **BAUDRY-LACANTINERIE. — Précis de Droit civil.** 3 forts vol. in-8, **37** fr. **50** ; reliés, **45** fr.
VI. **PLANIOL. —** Traité élémentaire de Droit civil. 3 forts vol. in-8, **37** fr. **50** ; reliés, **45** fr.
VII. **AUBRY et RAU. —** Cours de Droit civil français, d'après la méthode de Zachariæ. 5e édit. 10 volumes in-8, **100** fr. — Les tomes I, II, III et IV sont parus, 1897-1902, **40** fr.
VIII. **SIREY. — Code civil annoté.** 3 vol. gr. in-8, 1901. — Prix : **80** fr.
IX. **DALLOZ. — Nouveau Code civil annoté.** 4 vol. in-4° en 10 livraisons. — Prix : **120** fr.
4 livraisons ont paru. — Prix de chaque livraison : **15** fr.

3. — CODE DE PROCÉDURE EXPLIQUÉ

I. **CHAUVEAU et GLANDAZ. —** Formulaire général et complet ou **Traité pratique de Procédure civile et commerciale.** 2 vol. in-8. 8e édit. 1892. — Prix : **18** fr.
II. **BOITARD et COLMET-DAAGE. — Leçons de procédure civile.** 2 vol. in-8. 15e édit., 1890. 2 vol. in-8. — Prix : **18** fr.
III. **ISAURE-TOULOUSE. — Traité formulaire de procédure pratique,** en matière civile, commerciale, criminelle, administrative et militaire. 1 vol. in-8, d'environ 1.300 p. 1895. — Prix : **15** fr. ; relié : **17** fr. **50.**
IV. **SIREY. — Code annoté de procédure civile.** 1 vol. gr. in-8, 1901. — Prix : **25** fr.
V. **DALLOZ. Code annoté de procédure civile.** 1 vol. in-4, **30** fr. ; Supplément, 1 vol. in-4. — Prix : **20** fr.

§ 4. — ENREGISTREMENT

I. **GARNIER. Répertoire général de l'Enregistrement, des Domaines et des Hypothèques.** 7e édit. 8 vol. in-4° ensemble 8.500 pages, 1903. — Prix, avec l'abonnement pour l'année courante au *Répertoire périodique*, **160** fr., réduit à **120** fr. pour les souscripteurs justifiant de la possession d'une édition ancienne.
II. **Dictionnaire des droits d'Enregistrement,** par les Rédacteurs du *Journal de l'Enregistrement*. — Prix, avec l'abonnement au journal pour l'année courante, y compris les Suppléments, 7 tomes en 8 volumes in-4, 1874-1895. — Prix : **175** fr.
III. **MAGUERO. Traité alphabétique des droits d'Enregistrement, de Timbre et d'Hypothèque.** 4 vol. in-4, 1897-1898, avec Supplément, 1901. Broché. **100** fr. ; relié, **115** fr., avec en prime l'abonnement à l'année courante à la *Revue de l'Enregistrement*.

AVIS IMPORTANT

Le *seul représentant* de l'Administration pour Paris et la banlieue est M. MAC ALISTER, qui fait partie de l'Administration depuis sa fondation.

En Province, l'Administration n'a **aucun représentant**. Elle considère que la meilleure propagande est celle qui est faite par les lecteurs de ses ouvrages et publications.

ÉVREUX, IMPRIMERIE DE CHARLES HÉRISSEY